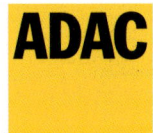 Reiseführer

W0067926

Sardinien

**Naturschönheiten · Strände · Historische Stätten
Museen · Events · Shopping · Hotels · Restaurants**

Die Top Tipps führen Sie zu den Highlights

von Nana Claudia Nenzel

☐ Intro

☐ Unterwegs

Karten und Pläne

☐ Service

Sardinien aktuell A bis Z   125

Sprachführer   136

Italienisch für die Reise

Register   141

Leserforum

Die Meinung unserer Leserinnen und Leser ist wichtig, daher freuen wir uns von Ihnen zu hören. Wenn Ihnen dieser Reiseführer gefällt, wenn Sie Hinweise zu den Inhalten haben – Ergänzungs- und Verbesserungsvorschläge, Tipps und Korrekturen –, dann kontaktieren Sie uns bitte:

Redaktion ADAC Reiseführer
ADAC Verlag GmbH
Hansastraße 19, 80686 München
Tel. 089/76 76 41 59
reisefuehrer@adac.de
www.adac.de/reisefuehrer

Sardinien Impressionen

Herbe Inselschönheit mit vielen Gesichtern

Sardinien – der Name weckt Vorstellungen von wilder Schönheit, von felsgesprenkelten Sandstränden an klarem Wasser und sonnendurchglühten Fischerdörfern. Tatsächlich werden hier viele Träume wahr – die Mittelmeerinsel bietet das alles und noch eine Menge mehr.

Nach Sizilien ist Sardinien die **zweitgrößte Insel** Italiens und des gesamten Mittelmeeres, 23 813 km² groß, mit den vorgelagerten Eilanden sogar 24 089 km². Auf einer Länge von 280 km und einer Breite von 145 km findet man eine schier unglaublich **vielfältige Landschaft**. Berge, Felsküsten, Wiesen, Laubwälder, Täler und Hochebenen sowie rund 1800 km Küste mit Stränden, Buchten und Fjorden brachten die Sarden auf den Gedanken, ihre Insel als einen eigenen Kontinent zu bezeichnen. Man erzählt sich, als Gott die Erde erschaffen hatte, habe er von jedem Teil der Welt noch einige Steine, Erde, Blu-

Farbenpracht der Natur

Von dunklem Rost- bis leuchtendem Hellrot changieren die schroffen *Porphyrklippen* von **Arbatax** im Sonnenlicht. Nördlich davon liegt die herbschöne **Gallura** mit ihrem charakteristischen grau-rosafarbenen Granit. Wind und Wetter schliffen die Kanten ab und formten aus dem harten Stein Bären und Elefanten, oder was immer die Fantasie in den Felsformationen zu erkennen glaubt.

Ganz anders ist das tiefgrüne Inselinnere geartet, das beispielsweise in der **Barbagia** von dunklen Macchiawäldern mit hohen Stein- oder Flaumeichen geprägt ist. Im Gegensatz dazu bietet das karge, kalkweiße Gebirge des **Supramonte** lediglich Schaf- und Ziegenherden magere Weiden. Das Leben der Hirten dort war entbehrungsreich, der Zusammenhalt der Großfamilie überlebenswichtig. Häufig standen jedoch die

men, Büsche und Bäume übrig gehabt. Aus diesen habe er Sardinien geformt, ein wunderschönes Flickwerk, nicht nur vor den Augen des Herrn.

Oben: *Gemütlich – Abendessen im Freien in der hübschen Altstadt von Alghero*
Rechts oben: *Aufgeblüht – rot leuchtende Klatschmohnwiese bei Carbonia*
Rechts: *Makellos – eine kleine, von geschliffenen Felsen geschützte Sandbucht am türkisblauen Meer des Maddalena-Archipels*

Ansprüche der wechselnden Fremdherr-scher im Gegensatz zur Tradition. In dieser verzweifelten Situation gerieten die sardischen Hirten oft mit dem Gesetz in Konflikt, worauf sich ihr schlechter Ruf als Banditen gründete. Heute versteht man die Gründe besser, weist auf Jahrhunder-te der Unterdrückung durch Römer, Spanier, Österreicher und schließlich Italiener hin. Diese Seite der Geschichte erzählen die **Murales**, großflächige Wandbilder, in vielen Dörfern der Insel. *Orgosolo* beispielsweise ist für seine aktuellen politischen Grafitti bekannt. Doch mittlerweile sorgt der Tourismus auch in den Bergen des Inselinneren für Aufschwung. Besonders beliebt sind **Fuß-** oder **Radwanderungen**, zunehmend auch **Ausritte** durch Hochtäler und Bergwälder, in denen man sogar Wildschweine oder Wildpferde beobachten kann.

Erdgebunden und himmelwärts

Tausende von Grotten haben sich in den karstigen Felsformationen der Insel gebildet. Sieben **Tropfsteinhöhlen** stehen Touristen zur Besichtigung offen. Eine der schönsten ist die *Grotta Is Zuddas* bei Santadi mit ihren von Mineralien bunt gefärbten Wänden. Dort hängen die Stalaktiten nicht einfach wie dicke Eiszapfen nach unten, sondern lösen sich in zarteste Kristallgebilde auf, die in alle Himmelsrichtungen zeigen. Dafür kann die *Grotta di Ispinigoli* bei Dorgali mit einem 38 m hohen Stalagmiten aufwarten, dem höchsten in Europa.

Vor allem in der nördlichen Inselhälfte lockt eine unglaubliche Anzahl von **Kirchen** und **Kapellen**. Ihre schwarz-weißen Querstreifen kennzeichnen viele als pisanisch, etwa die Basilika *Santissima Trinità di Saccárgia*. Doch auch schlichtere romanische, gotisch-katalanische und barocke Gotteshäuser kann man bewundern – eine schier unerschöpfliche Fundgrube für Kulturreisende.

Gigantengräber und Feenhäuser, doch keine märchenhafte Vergangenheit

Auf der Insel siedelten schon früh Menschen, von denen das Volk der **Nuragher** (1800–600 v. Chr.) die ungewöhnlichsten

Spuren hinterließ. Die Zeugen ihrer Kultur sind einzigartig. Überall auf Sardinien erheben sich gewaltige, bis zu 20 m hohe konische Steintürme, mehr als 7000 solcher ebenfalls *Nuraghen* genannten Bauwerke wurden gezählt. Nicht alle haben freilich die Zeit so gut überdauert wie z. B. der *Nuraghe Su Nuraxi* von Barumini nördlich der Inselhauptstadt Cagliari. Wahrlich riesig wirken auch die oft vornuraghischen Steinsetzungen, wie sie in großer Anzahl in der Gallura, vor allem um das Städtchen *Arzachena*, zu finden sind. Nicht umsonst werden sie im Volksmund **Tombe dei Giganti**, ›Gigantengrä-

ber‹, genannt. Um die gangartigen Sippengräber ranken sich allerlei Geheimnisse und nicht wenige Inselbewohner vermuten eine heilsame Wirkung auf Seele und Körper. Eindrucksvoll sind schließlich auch die **Domus de Janas**, sogenannte Feenhäuser. Es handelt sich um Höhlengräber, die aus mehreren Kammern bestehen können und besonders eindrucksvoll in der Gegend um *Macomer* zu besichtigen sind.

Spätere Eroberer hinterließen ebenfalls ihre Spuren, **Phönizier** (600–200 v. Chr.) und **Römer** (238 v. Chr.–300 n. Chr.) etwa in Gestalt der ausgedehnten Ruinenstadt *Nora*. Deren Mosaikböden, Prachtstraße, Tempelreste und nicht zuletzt die ausgedehnten Hafenanlagen beeindrucken Besucher noch heute. Auch die Herrschaft des katalanischen Geschlechts **Aragón** (14.–18. Jh.) hinterließ Spuren. Unbestritten gilt *Alghero* an der Nordwestküste Sardiniens als die katalanischste Stadt außerhalb Spaniens, was nicht nur an den prächtigen Palästen aus der damaligen Zeit liegt. Große Teile der Stadtbevölkerung sprechen noch immer mit Stolz einen katalanischen Dialekt. Sogar die hübschen Straßenschilder aus bunter Keramik sind zweisprachig beschriftet.

Auf die Spanier geht übrigens auch die heutige Form des sardischen **Wappens** zurück, dessen Anfänge sich im Dunkeln verlieren. Es zeigt auf weißem Grund vier

Oben: *Traumhaft – Im Schutz eines Sarazenenturms vergnügen sich Sonnenanbeter und Badende an der Spiaggia di Pelosa*
Mitte: *Aufgetischt – deftige Eintöpfe mit Fleisch und Kartoffeln, verfeinert mit Kräutern sind typisch für die sardische Küche*
Rechts unten: *Geschmückt – Trachten und Masken gibt es an Karneval zu bewundern*
Links unten: *Entspannt – Am Ufer des Temo genießt man einen schönen Blick auf Bosa*

9

der Ankunft mit einem unvergleichlichen Duft von Rosmarin, Thymian und Oleander. Ob man mit der Fähre übersetzt oder mit dem Flugzeug landet, der inselspezifische Geruch entfaltet sich noch intensiver auf der Weiterfahrt. Beispielsweise an die kilometerlangen, feinsandigen Strände der **Costa Rei** im Südosten, einer wahrhaft ›königlichen Küste‹. Ihr Gegenstück im Westen, die **Costa Verde**, wartet mit meterhohen, kilometerweit ins Land hineinwachsenden Sanddünen auf. Eine Bucht für jeden Geschmack und glasklares Meer bietet nicht nur die als Urlaubsort der Reichen und Schönen berühmt gewordene **Costa Smeralda** im Nordosten. Auch der im Norden vorgelagerte Archipel von **La Maddalena** zeichnet sich durch saubere Strände und fantastische *Tauchgründe* aus. Schwimmer, Schnorchler und Taucher, Surfer und Segler kommen hier absolut auf ihre Kosten, die zahlreichen **Sporthäfen** der Region wie Porto Cervo oder Santa Teresa di Gallura sind modern und mit allem Komfort ausgestattet.

schwarze Kopfsilhouetten, die durch ein rotes Kreuz voneinander getrennt sind. Die ›Mohrenköpfe‹ wurden ursprünglich mit Stirnbändern abgebildet. Zu Beginn des 14. Jh. aber erscheinen diese in den Gesichtern der Schwarzen und wurden so zu Augenbinden. Unklar bleibt, ob es sich bei dem ›Ausrutscher‹ um einen Kopierfehler oder um politische Absicht handelte. Die sardische Autonomiebewegung führt das Wappen jedenfalls mit über der Stirn getragener Binde und offenen Augen.

Mit allen Sinnen genießen

Sardinia, wie die Sarden ihre Heimatinsel nennen, bezaubert ihre Gäste bereits bei

Das **leibliche Wohl** kommt bei einem Sardinienurlaub ebenfalls nicht zu kurz. Mit Olivenöl und frischen Kräutern zaubern die Inselköche aus Fisch oder Meerestieren, Wildschwein, Lamm oder Zicklein wahre Delikatessen. Genauso empfehlenswert sind hausgemachte **Teigwaren**, etwa mit Ricotta gefüllte Ravioli. Unbedingt probieren sollte man eine der vielen sardischen **Brotspezialitäten**, z. B. das *Pan carasau*, italienisch *Carta di musica*, also Notenpapier, ein hauchdünnes, knackiges Hirtenbrot. Es wird heiß mit Rosmarin und Olivenöl gewürzt serviert. Honigtriefendes süßes Gebäck oder *Pecorino*, der typische **Schafskäse**, und ein süffiger *Cannonau*, **Rotwein** von der Insel, runden ein sardisches Mahl ab.

Der Reiseführer

Dieser Band stellt das abwechslungsreiche Sardinien in **fünf Kapiteln** vor. Die Autorin beschreibt landschaftliche Höhepunkte und historische Sehenswürdigkeiten der Insel und ihrer vorgelagerten Eilande. Die **Top Tipps** führen zu den herausragendsten Attraktionen, schönsten

Links oben: *Harmonisch – Die Fassade der Kathedrale von Cagliari zieht die Blicke an*
Links Mitte: *Aufregend – das Herumkraxeln auf den Küstenfelsen ist ein Spaß für Kinder*
Links unten: *Einladend – eine lauschige Restaurantterrasse im Städtchen Bosa*
Oben: *Atemberaubend – Wandern am Golfo di Orosei, wo sich Berge und Meer treffen*
Rechts Mitte: *Farbenprächtig – Frauen in Tracht bei einer Prozession im Bergdorf Fonni*
Rechts: *Schiff ahoi! – Mit Ausflugsbooten gelangt man zu abgelegenen Stränden*

Stränden oder Events. Den Besichtigungspunkten sind jeweils **Praktische Hinweise** mit Informationsbüros sowie Hotel- und Restaurantempfehlungen angefügt. Ein **Kaleidoskop** mit Kurzessays rundet den Reiseführer ab. **Übersichtskarten** und **Stadtpläne** erleichtern die Orientierung. **Sardinien aktuell A bis Z** bietet, alphabetisch geordnet, nützliche Informationen, die von den Reisevorbereitungen über Essen und Trinken bis zu Verkehrsmitteln reichen. Hinzu kommt ein praktischer **Sprachführer**.

Geschichte, Kunst, Kultur im Überblick

Nuragher, Phönizier, Römer und Katalanen – vom ›Land der Barbaren‹ zum Urlaubsparadies

180 000–120 000 v. Chr. Steinwerkzeug, das man bei Perfugas gefunden hat, bezeugt, dass die Insel bereits in der Altsteinzeit besiedelt war. Die ersten Bewohner sollen über eine Landbrücke zwischen Elba, Korsika und Sardinien gekommen sein.

25 000–20 000 v. Chr. Die ersten menschlichen Spuren aus der Altsteinzeit, u. a. das Stück eines Unterkiefers, stammen aus der Grotta Corbeddu bei Oliena.

6000–2700 v. Chr. Rund um den erloschenen Vulkan Monte Arci wird in der Jungsteinzeit Obsidian abgebaut. Die Bewohner stellen Werkzeuge und Waffen her und exportieren das schwarze vulkanische Gestein ins westliche Mittelmeer. Außerdem betreiben sie Landwirtschaft und Viehzucht. Kunstvoll mit Spiralmustern verzierte Keramik sowie weibliche Idole aus Kalkstein belegen die kulturelle Blüte in der späten Jungsteinzeit (ab 3400 v. Chr.). Nach dem bedeutendsten Fundort, der Grotta San Michele bei Ozieri, nennt man diese Epoche auch Ozierikultur. Zeitgleich entstehen auf der ganzen Insel z. T. gewaltige Höhlengräber in Felswänden, die sogenannten ›Domus de Janas‹ (Feenhäuser).

2700–1800 v. Chr. Waffen und Werkzeuge aus Kupfer leiten die sardische Kupferzeit ein.

ab 1800 v. Chr. Mit Beginn der Bronzezeit entwickelt sich auf Sardinien die eigenständige Nuraghenkultur. Hinterlassenschaften dieser Epoche sind die Nuraghen genannten konischen Festungstürme, die bis zu 20 m hoch aufragten. Noch heute findet man Reste von ursprünglich 7000 dieser Wehrbauten über die ganze Insel verteilt. Daneben erbauen die Nuragher gewaltige Grabanlagen, die ›Tombe dei Giganti‹ (Riesengräber), die mehr als 100 Tote aufnehmen können.

um 1000 v. Chr. Phönizier errichten erste Handelsstützpunkte entlang der Küste. Die Nuragher werden ins Inselinnere gedrängt, der allmähliche Niedergang ihrer Kultur beginnt. Im Südwesten der Insel entstehen schon bald bedeutende phönizi-

Bronzestatuette eines Dämons aus nuraghischer Zeit

sche Hafenstädte, Sulci (Sant' Antioco), Karali (Cagliari) sowie die beiden heute nicht mehr besiedelten Orte Tharros und Nora.

ab 550 v. Chr. Karthager erobern und kolonisieren die Insel. Sie befestigen besonders die Bergbaugebiete und fruchtbaren Küstenebenen des Südwestens.

238 v. Chr. Während eines Söldneraufstandes auf Sardinien holen die Karthager Rom zu Hilfe, das die Insel kurzerhand annektiert.

228/227 v. Chr. Sardinien wird römische Provinz. Die neuen Herrscher verbessern die Infrastruktur, legen Straßen an, gründen Städte wie Forum Traiani (Fordongianus) und bauen bereits bestehende Siedlungen wie Carales (Cagliari) oder Turris Libisonis (Porto Torres) aus.

Su Nuraxi ist die größte und bedeutendste Nuraghensiedlung auf Sardinien

Rom teilt die Insel in ausgedehnte Latifundien ein, auf denen Sarden als Leibeigene der römischen Großgrundbesitzer arbeiten müssen.

218–201 v. Chr. Im Zweiten Punischen Krieg schlagen sich die Sarden auf die Seite ihrer einstigen Kolonialmacht Karthago, unterliegen aber in der ›Schlacht von Cornus‹ den Römern.

177 v. Chr. Unter Tiberius Gracchus werden rund 80 000 Sarden, fast ein Viertel der damaligen Inselbevölkerung, auf das italische Festland in die Sklaverei verschleppt.

46 v. Chr. Caesar verleiht Carales als erster Siedlung auf Sardinien das römische Stadtrecht und damit die Erlaubnis zur Selbstverwaltung.

284–305 Die Christenverfolgungen unter Kaiser Diokletian erreichen ihren Höhepunkt. Die damals getöteten Christen Gavinus, Lussurius, Simplicius, Efisius und Saturnus werden heute auf der Insel als Heilige verehrt.

5. Jh. Vandalen unter König Geiserich dominieren mit ihren Flotten das westliche Mittelmeer und beenden die römische Herrschaft auf Sardinien.

534 Im Zuge der Rückeroberung ehemaliger Gebiete Westroms verdrängt der byzantinische Feldherr Belisar die Vandalen aus Sardinien und gliedert die Insel ins Oströmische Reich ein. Ein von Byzanz in Cagliari eingesetzter Richter wird Statthalter, das Hauptquartier mit einem Militärführer jedoch befindet sich in Forum Traiani (Fordongianus). Die Ausbeutung der Bevölkerung durch hohe Steuern wird fortgesetzt.

ab 704 Arabische Piraten verwüsten in fortwährenden Überfällen Siedlungen und Agrarland vor allem im Südwesten der Insel. Küstenorte werden verlassen, die Bewohner flüchten ins Landesinnere.

900–1000 Nachdem Byzanz seinen Einfluss auf Sardinien weitgehend verloren hat, wird die Insel in die vier Judikate Arborea, Cagliari, Gallura und Torres aufgeteilt. An ihrer Spitze steht jeweils ein Richter. Anfangs werden diese von Großgrundbesitzern, freien Bauern und dem Klerus gewählt, später wird das Amt vererbt. Die Judikate treiben Handel mit den italienischen Stadtrepubliken, doch ein Großteil der Bevölkerung fristet sein Dasein als Landsklaven.

Ende des 14. Jh. bündelt Eleonora d'Arborea sardische Autonomiebestrebungen

1015/16 Auf Veranlassung von Papst Benedikt VIII. entsenden die Stadtrepubliken Genua und Pisa eine gemeinsame Flotte, um den islamischen Kalifen Mughabid zu bekämpfen, der sich auf Sardinien festgesetzt hat. Die beiden Seemächte ›befreien‹ die Insel, entwickeln aber ihrerseits ein starkes Interesse an der Region und teilen sie unter sich auf. In der Folge wird der Süden von Pisa beherrscht, der Norden von Genua. Mönche

verschiedener Orden errichten Klöster und Kirchen und machen das Land urbar. Eine Zeit wirtschaftlicher und kultureller Blüte beginnt.

1112 Bau der Landkirche Santissima Trinità di Saccárgia im romanisch-pisanischen Stil.

1297 Um die beständigen Machtkämpfe zwischen Pisanern und Genuesen zu beenden, ernennt Papst Bonifatius VIII. König Jaume II. von Aragón-Katalonien zum Lehnsherrn über das neu geschaffene Königreich Sardinien und Korsika.

1323 Der Richter von Arborea bittet Aragón um Hilfe im Kampf gegen Pisa, das nach zweijähriger Belagerung Cagliaris aufgibt. Immer wieder aufflackernde Aufstände werden blutig niedergeschlagen. Sardinien erhält einen aragonesischen Vizekönig. Wichtige Posten besetzt man ausschließlich mit Spaniern, die zahlreich auf die Insel strömen, Sarden werden fast vollständig aus dem öffentlichen Leben verdrängt. In Alghero tauscht man die sardische Bevölkerung regelrecht gegen Katalanen aus. Das Judikat Arborea kämpft Ende des 14. Jh. für die Freiheit der Insel.

1392 Eleonora d'Arborea, bereits 1383 zur Richterin des Judikats Arborea ernannt, erlässt die ›Carta de Logu‹, ein in sardischer Sprache verfasstes Straf- und Zivilgesetzbuch, das offiziell bis 1827 in Kraft bleibt.

1404 Eleonora d'Arborea, die bis heute auf ganz Sardinien als Nationalheldin verehrt wird, stirbt an der Pest. Mit ihrem Tod ist der Kampf um Unabhängigkeit schon fast verloren.

1409 Nach der Schlacht von Sanluri wird das Judikat Arborea aufgelöst, Aragón beherrscht nun die gesamte Insel.

1479 Ferdinand II. von Aragón heiratet Isabel von Kastilien, ihre beiden Reiche werden zum Königreich

Sardiniens Hauptstadt Cagliari am Golfo degli Angeli auf einer Radierung von 1832

Spanien vereint. Auf Sardinien treiben die spanischen Feudalherren mit Repressalien und Ausbeutung ihr Unwesen. Die Landbevölkerung verarmt immer mehr. Pestepidemien und wiederholte Überfälle arabischer Piraten dezimieren die Bevölkerung.

1617 Aus einem 1562 gegründeten Jesuitenkolleg geht die Universität von Sassari hervor.

1626 Gründung der Universität Cagliari unter spanischer Herrschaft.

1701–14 Der letzte spanisch-habsburgische König Carlos II. stirbt 1700 ohne männliche Nachkommen und löst damit den Spanischen Erbfolgekrieg aus. Im Frieden von Utrecht (1714) wird Sardinien Österreich zugesprochen.

1718 Im Frieden von London geht Sardinien im Tausch gegen Sizilien an die Herzöge von Savoyen-Piemont. Zusammen mit den Festlandsbesitzungen bildet die Insel das Königreich Sardinien. Die wirtschaftliche Lage der Landbevölkerung verbessert sich auch unter den neuen Herrschern nicht, sodass sich Tausende gezwun-

gen sehen, als Banditen durchs Land zu ziehen.

1738 Aufgrund zunehmender Repressalien in ihrer nordafrikanischen Wahlheimat siedeln ligurische Fischer auf die vorgelagerte Insel San Pietro über.

1799 Carlo Emanuele VI. flieht vor Napoleons Truppen nach Sardinien und ist damit der erste savoyische König, der sardischen Boden betritt. Mit seiner ausschweifenden Hofführung macht er sich keine Freunde.

1815 Sein Sohn Carlo Felice bemüht sich, die rückständige Infrastruktur der Insel zu modernisieren. Ihm verdankt Sardinien die nach ihm benannte Nord-Süd-Straßenverbindung zwischen Porto Torres und Cagliari.

1820 Der ›Erlass zur Einfriedung von Land‹ soll es armen Kleinbauern ermöglichen, durch Einzäunen Landeigentum zu erwerben. Von dieser Bodenreform profitieren jedoch hauptsächlich Großgrundbesitzer. Leer gehen die Hirten aus, denn sie dürfen die nun eingezäunten Weiden nicht mehr nutzen. Es kommt zu Aufständen und das Banditentum greift weiter um sich.

1835 Das Feudalsystem wird abgeschafft. Für ihre Freiheit sollen die Dörfer jedoch hohe Ablösesummen an die ehemaligen Feudalherren zahlen. Viele Sarden wandern aufs Festland aus.

1855 Giuseppe Garibaldi lässt sich als Bauer auf der zum La Maddalena-Archipel gehörenden Insel Caprera nieder. Von dort aus leitet er 1860 den ›Zug der Tausend‹ nach Sizilien und vertreibt die spanischen Bourbonen aus Neapel.

1861 Sardinien wird Teil des Vereinten Königreiches Italien. König Vittorio Emanuele II. aus dem Hause Savoyen tritt sein Stammland Savoyen an Napoleon III. von Frankreich ab.

1871 Grazia Deledda, später Sardiniens bedeutendste Dichterin und Nobelpreisträgerin, wird in Nuoro geboren.

1880 Die erste Eisenbahnstrecke zwischen Cagliari und Sassari wird gebaut, die sardischen Wälder werden abgeholzt – auch für Eisenbahnschwellen in anderen Regionen Italiens.

1915–18 Die Brigata Sassari zeichnet sich im Ersten Weltkrieg im Kampf gegen

Deutschland und Österreich durch besondere Tapferkeit aus.

1921 Die Sardische Aktionspartei Partito Sardo d'Azione, die mehr Autonomie für die Insel fordert, wird gegründet.

1923 Benito Mussolini besucht Sardinien und leitet kurze Zeit später die Entwässerung der ungesunden, von Malaria verseuchten Sumpfgebiete an der Küste in die Wege. Außerdem fördert er den Bergbau.

1926 Grazia Deledda erhält den Nobelpreis für Literatur.

1943 Die Alliierten bombardieren die Städte Cagliari, Alghero und Olbia.

1946 Ausrufung der Italienischen Republik am 2. Juli.

1948 Sardinien erhält als Autonome Region Italiens einen Sonderstatus mit weitreichenden Rechten zur Selbstverwaltung und wird in drei Provinzen (Cagliari, Sassari und Nuoro) eingeteilt. Inselhauptstadt wird Cagliari.

1950 Die Cassa per il Mezzogiorno zur Förderung des unterentwickelten italienischen Südens, zu dem auch Sardinien gehört, wird gegründet. Gelder für den Aufbau der petrochemischen Industrie fließen auf die Insel. Die Sarden versprechen sich Arbeitsplätze, die jedoch größtenteils mit Fachpersonal vom italienischen Festland besetzt werden.

1951 Schlechte Ernten ziehen eine Hungersnot nach sich. Tausende Sarden verlassen ihre Heimatinsel, um auf dem Festland Arbeit zu suchen.

1962 Unter dem Vorsitz Karim Aga Khans, des geistigreligiösen Oberhaupts der Ismailiten, wird das Consorzio Costa Smeralda gegründet. An der felsigen Küste im Nordosten Sardiniens entsteht ein Urlaubsparadies für Reiche, der Beginn des sardischen Tourismus.

ab 1980 Sardinien erlässt Bestimmungen zum Umweltschutz, etwa zur Wiederaufforstung der Wälder im Inselinneren.

1990 Die sardischen Kommunen erhalten ein verstärktes Recht auf Selbstverwaltung. Vor allem in der zentralen Barbagia werden gleichwohl Forderungen nach weiter reichender Autonomie laut.

1999 Das Sardische wird vom italienischen Parlament als eigenständige Sprache anerkannt. Es ist nun gleichberechtigt neben dem Italienischen und kann z. B. an den Schulen unterrichtet werden – ein großer Sieg für die Sarden.

2001 Im Juni wird an der Costa del Sud das illegal er-

Förderturm aus der Zeit intensiven Kohleabbaus

richtete Luxushotel Baia delle Ginestre abgerissen. Die Regierungskampagne zum Schutz der Landschaft zeigt damit erste Erfolge.

2005 Um den ausgeprägten landschaftlichen Eigenarten in Sprache und Kultur gerecht zu werden, wird die Insel in acht statt vier Verwaltungsbezirke eingeteilt (Cagliari, Ogliastra, Nuoro, Olbia-Tempio, Sassari, Oristano, Medio Campidano und Carbonia-Iglesias).

2008 Touristenboom: Die Zahl der deutschen Touristen für das vergangene Jahr weist eine Steigerung von 20 % auf.

2009 Bei den Regionalwahlen im Juni löst die Mitte-Rechts-Koalition unter Ugo Cappellacci Präsident Renato Soru (Mitte-Links) mit knapper Mehrheit ab.

2011 Am 14. November tritt Silvio Berlusconi nach 17 Amtsjahren unter dem Druck der Staatsschuldenkrise zurück, Ministerpräsident der Übergangsregierung wird Wirtschaftsexperte und EU-Wettbewerbskommissar Mario Monti.

Die englische Prinzessin Margaret in den 1960er-Jahren zu Gast an der Costa Smeralda

Unterwegs

Am Golfo di Orosei werden Ferienträume wahr: kristallklares Wasser und weißer Sandstrand an der Cala Mariolu

Cagliari und der Süden –
Küstenidyll mit feinen Stränden

Als Hauptstadt Sardiniens ist **Cagliari** durch Industrie und Handel geprägt, versprüht aber trotzdem urbanen Charme. In der Metropole an der Südküste pocht das kulturelle Herz der Insel, konzentrieren sich hier doch die wichtigste Universität Sardiniens und bedeutende Museen. Zum Baden fahren die Cagliaritani gerne an ihren Hausstrand Poetto. Dessen heller Sand setzt sich über **Villasimius** bis zur **Costa Rei** fort, an der Einheimische wie Urlauber kilometerlange Strände und kristallklares Wasser genießen. Die nicht minder schöne Küste südwestlich von Cagliari war bereits früher gut besucht. Davon zeugen die steinernen Sarazenentürme, die Pisaner im 16./17. Jh. als Kette von meernahen Ausgucken gegen maurische Überfälle errichteten. Wesentlich filigraner sind die Mosaiken, mit denen die Römer ihre Stadt **Nora** schmückten. Nahebei locken die Strände der wunderschönen, gut erschlossenen **Costa del Sud**. Urtümlicher ist die **Costa Verde** mit ihrem 2–3 km breiten Dünengürtel. Im Hinterland lohnen die Nuraghensiedlung **Su Nuraxi** sowie die naturgeschützte Hochebene **Giara di Gesturi** mit seltener Fauna und Flora den Besuch.

1 Cagliari

Lebhafte Hafen- und Inselhauptstadt mit bedeutenden Museen.

Etwa ein Drittel der sardischen Bevölkerung, nämlich rund 560 000 Menschen, lebt im Großraum von Cagliari. Die Inselkapitale selbst zählt 160 000 Einwohner und ist zugleich Handelszentrum und Universitätsstadt. Sie bietet hochkarätige Museen, gute Shoppingmöglichkeiten und einladende Cafés und Restaurants.

Geschichte Bereits in der Altsteinzeit, vor etwa 20 000 Jahren, lebten Menschen an der Mündung des Flusses Mannu. Damit gilt Cagliari als einer der ältesten ständig besiedelten Orte Europas. **Phönizier** aus dem nahen Afrika gründeten um 700 v. Chr. eine erste Niederlassung namens *Karali*. Ihnen folgten **Karthager**, die ab 520 v. Chr. sardisches Erz und Getreide über den Hafen verschifften. Das blühende Handelszentrum wurde immer wieder erobert, erstmals 238 v. Chr. von dem römischen Konsul Tiberius Gracchus, der

Ein imposantes Altstadtensemble und ein reger Hafen verleihen Cagliari viel Flair

Caralis zur Hauptstadt der **römischen** Provinz *Sardinia* machte.

Nach dem Niedergang des Römischen Reiches etablierten sich auf Sardinien vier abgeschlossene Regionen, sog. **Judikate**, eines davon mit Cagliari als Hauptstadt. Es löste sich auf, als im 11. Jh. wiederholt Sarazenen angriffen und Mitte des 12. Jh. **Pisaner** die Macht übernahmen. Sie bauten Cagliari zur Festung aus und errichteten die Zitadelle, deren Mauern die Altstadt auf dem Burghügel noch heute umgeben. Trotzdem eroberten 1324 **Katalanen** unter Pedro IV. Stadt und Insel. Die Feudalherrschaft der Spanier war wirtschaftlich und sozial ein Fiasko, Volksaufstände häuften sich, blieben jedoch stets wirkungslos. Als Kriegsbeute und durch Landtausch kam Cagliari wie ganz Sardinien im 18. Jh. erst in den Besitz von **Österreich**, dann in den des norditalienischen **Savoyen-Piemont**. Beide waren der einheimischen Bevölkerung gleichermaßen verhasst. Der Unmut hinderte die Piemonteser Könige jedoch nicht daran, ihren Thronsitz 1798/99 wegen außenpolitischer Schwierigkeiten nach Cagliari zu verlegen, wovon die Stadt wenigstens baulich profitierte.

Davon blieb freilich nicht viel, denn 1943 wurde Cagliari als wichtiger Flottenstützpunkt fast vollständig zerstört. Doch nach Ende des Zweiten Weltkriegs erhob sich die alte Hafenstadt, seit 1948 **Regierungssitz** der Autonomen Region Sardinien, wie ein Phönix aus der Asche. Heute ist sie mit ihrer guten Infrastruktur, der internationalen Verkehrsanbindung, einer Universität sowie nicht zuletzt der bedeutenden petrochemischen Industrie in ihrem Westen zu einer modernen Metropole herangewachsen, nicht unbedingt die schönste Stadt Sardiniens, doch unbestritten die erfolgreichste.

Besichtigung   Cagliari ist auf zwei Ebenen erbaut: Flankiert von großen Lagunen, an denen im Frühjahr unzählige Flamingos brüten, erstreckt sich die Unterstadt am Scheitelpunkt des ausladenden *Golfo di Cagliari*, den man hier *Golfo degli Angeli*, Bucht der Engel, nennt. Aufgrund seiner Nähe zu Meer und Hafen wird dieser Teil der Stadt als **Quartiere Marina** bezeichnet.

Nördlich davon breitet sich die Oberstadt, **Casteddu**, sardisch für Burg, an den Kalkhängen des Burghügels aus. Ihre

Gassen werden noch heute teilweise von mächtigen historischen Befestigungsmauern gerahmt.

Quartiere Marina

Einen Stadtrundgang beginnt man am besten an der **Piazza Matteotti** ❶, an der sich neben dem Hauptbahnhof und der Station der Überlandbusse auch die Touristeninformation befindet. Im Nordosten des geschäftigen Platzes erhebt sich der prunkvolle **Palazzo Civico** ❷ (Tel. 07 06 77 70 49, Führungen auf Voranmeldung). Das Rathaus wurde 1899–1907 aus weißem Marmor im neogotisch-katalanischen Stil errichtet und nimmt stolze 2400 m² Grundfläche ein. Durch das von zwei hohen oktogonalen Türmen gerahmte Portal gelangt man ins *Innere*, in dem Gobelins und Gemälde zu begutachten sind. Wichtigstes Exponat ist das *Retablo dei Consiglieri* (1527–39) des sardischen Malers Pietro Cavaro [s. S. 26]. Die zentrale Tafel des Triptychons zeigt eine zartgesichtige Madonna mit Kind. Auf den Altarflügeln sind die namengebenden Ratsherren (ital. Consiglieri) mit schwarzen Gewändern und roten Überwürfen dargestellt. Auch die Heiligen Andreas und Cäcilia, welche ein Stadtmodell Cagliaris der Obhut der Muttergottes übergeben, sind zu sehen.

Östlich des Rathauses lockt Sardiniens größtes Kaufhaus **La Rinascente** [s. S. 26] mit edlem Sortiment. Unter den Schatten spendenden Bogengängen entlang der verkehrsreichen **Via Roma** ❸, vorbei an zahlreichen Cafés und Restaurants, spaziert man nun weiter und biegt nach wenigen Minuten links in die Via Concezione ab. So gelangt man geradewegs zum **Museo del Tesoro ed Area Archeologica di Sant'Eulalia** ❹ (Vico del Collegio 2, Tel. 070 66 37 24, Di–So 10–13, 16–19 Uhr), das in der Sakristei der gotisch-katalanischen Kirche Sant' Eulalia (14. Jh.) liturgisches Gerät des 16.–19. Jh. präsentiert. Unter dem Gotteshaus entdeckte man 1990 einen römischen Brunnen. Heute ist ein Straßenabschnitt (1. Jh. n. Chr.) von bis zu 4 m Breite und 13 m Länge freigelegt und kann besichtigt werden.

Anschließend lohnt ein Streifzug durch die schmalen Gassen des Hafenviertels, eine beliebte Wohngegend mit meist dreistöckigen, balkongeschmückten Altbauten, in denen sich auch Restaurants und kleine Läden etabliert haben. Die besten Einkaufsmöglichkeiten, darunter viele Gold- und Silberschmiede mit hübschen Kreationen, findet man in der Fußgängerzone **Via Manno** ❺, der man in nordwestliche Richtung zur **Piazza Yenne** ❻ folgt. Dort markiert eine Porphyrsäule neben dem Standbild für den Piemonteser König Carlo Felice den Beginn der nach ihm benannten Nationalstraße, die als SS 131 bis in den Norden Sardiniens nach Porto Torres führt. Der stets belebte Platz ist mit seinen Straßen-

Erholungspause während des Stadtbummels in den schattigen Arkaden der Via Roma

Historische Befestigungsmauern umgeben Cagliaris Oberstadt Casteddu auf dem Burghügel

cafés und vor allem der für ihr köstliches Eis berühmten *Isola del Gelato* [s. S. 27] ein beliebter Treffpunkt.

Casteddu

Oberhalb der Piazza Yenne, unmittelbar neben dem Universitätsgelände, erhebt sich die 35 m hohe **Torre dell'Elefante** ❼ (Tel. 07 06 77 64 00, www.camuweb.it, Juni–Okt. Di–So 9–13, 15.30–19.30, Nov.–Mai Di So 9 16.30 Uhr), einer der Eingänge zur Altstadt. Baumeister Capula errichtete den Elefantenturm 1305–07 als Teil des pisanischen Mauerrings um Cagliari. Trotz seines weißen, glatten Steins wirkt der Wehrturm sehr wuchtig und geradezu furchterregend. Sein Name bezieht sich übrigens auf die kleine Elefantenskulptur hoch oben an der Fassade.

Nun folgt man der Via Università nach rechts zum **Bastione San Remy** ❽, einem architektonisch aufwendigen Bollwerk mit hoch aufragendem Portal. Die Piemonteser ließen es 1899–1902 auf den Grundmauern einer katalanischen Befestigungsanlage errichten. Von der Terrasse genießt man einen herrlichen Ausblick auf Cagliari. Dann schlendert man weiter durch die Via Fossario zur lang gestreckten **Piazza Palazzo** ❾. Der leider stets zugeparkte Platz wird gerahmt von prächtigen Fassaden, die einer Theaterkulisse entstammen könnten: Hervorzuheben sind der schmalbrüstige *Palazzo di*

Viceregio (18. Jh.), der frühere Sitz der spanischen und piemontesischen Vizekönige, die Präfektur, *Prefettura* (ital.), sowie der *Palazzo Arcivescovile*, der Erzbischöfliche Palast aus dem 18. Jh. Im Südosten der Piazza zieht die **Cattedrale Santa Maria di Castello** ❿ (Tel. 070 66 38 37, www.duomodicagliari.it, Juni–Sept. Mo 7.30–20, So 8–13, 16.30–20.30, Okt.–Mai Mo–Sa 7.30–12, 16.–20, So 8–13, 16.30–20 Uhr) mit ihrem gedrungenen *Campanile* (13. Jh.) und ihrer hellen *Fassade* aus Kalkstein und Marmor die Blicke auf sich. Die schlichten schmalen Portale und die dreistöckigen Zwerggalerien darüber spiegeln das ursprüngliche Erscheinungsbild des im 13. Jh. errichteten romanisch-gotischen Baus. Allerdings sind sie Rekonstruktionen von 1933, denn im späten 17. Jh. fand eine gründliche Umgestaltung der gesamten Kirche statt. Das *Innere* prunkt seitdem mit kunstvollen Mosaiken, dramatischen Deckengemälden, goldenen Altären und dem Grabmahl (1680) für Matín II. von Aragón im Stil des Barock. Eine Rarität ist die auf dunklen Marmorsäulen angebrachte *Kanzel* (12. Jh.) des Meisters Guglielmo. Sie hatte bis 1312 im Dom von Pisa ihren Platz, musste dann aber einer Kanzel von Giovanni Pisano weichen und kam so als Geschenk nach Cagliari. Hier behandelte man das Meisterstück jedoch schmählich: 1670 schnitt man die Kanzel der Länge nach durch

Die neoromanische Fassade der Cattedrale Santa Maria di Castello zieht die Blicke auf sich

und stellte die beiden Teile rechts und links des Hauptportals auf. Dabei gingen einige der großartigen Steinmetzarbeiten zur Geschichte des Lebens Jesu verloren. Die vier Marmorlöwen, auf denen die Kanzel ursprünglich stand, zieren nun Podium und Treppenaufgang des Hochchores. Sie halten zwischen ihren Pranken jeweils einen Menschen, einen Bären, einen Drachen und einen Stier. Wunderbar restauriert zeigt sich die erst im 17. Jh. aus dem Felsen geschlagene *Krypta*, de-

ren Deckengewölbe mit rund 500 Rosetten geschmückt sind. Man sollte nicht versäumen, auch in ihre beiden Nebenräume zu schauen, die über und über mit Majolikabildern mit Heiligendarstellungen dekoriert sind.

In der Via del Fossario um die Ecke präsentiert das **Museo del Duomo** **11** (Tel. 070 68 02 44, www.duomodicagliari. it, Juni–Sept. Di–Fr 16.30–20, Sa, So 10–13, 16.30–20, Okt.–Mai Sa, So 10–13, 16.30–20 Uhr) die größten kunsthandwerklichen

Vier Marmorlöwen zieren Podium und Treppenaufgang des Hochchores der Kathedrale

Schätze des Doms, darunter ein Triptychon aus der Schule des berühmten flämischen Malers Rogier van der Weyden (ca. 1400–1464): Auf der zentralen Tafel ist die schmerzensreiche Muttergottes mit dem Leichnam Christi abgebildet, der linke Flügel zeigt die Muttergottes mit dem Jesuskind und die hl. Anna, auf dem rechten sind die hl. Margareta und der Drache zu sehen.

Durch die Via Martini gelangt man nun schnell Richtung Norden auf die von mehrstöckigen Stadtpalästen umgebene **Piazza dell'Indipendenza**. Hier erhebt sich auch die klobige **Torre di San Pancrazio** ⑫ (Tel. 07 06 77 64 00, www.camuweb.it, Juni–Okt. Di–So 9–13, 15.30–19.30, Nov.–Mai Di–So 9–16.30 Uhr), ein viereckiger, 1304–05 aus hellem Kalkstein

erbauter Festungsturm im pisanischen Stil. Über eine innen liegende, großzügige Holztreppe erreicht man das *Flachdach*, von dem aus man einen hinreißenden Blick über Casteddu und die Unterstadt genießen kann.

Nur ein Katzensprung ist es bis zur kleinen **Piazza dell'Arsenale**. Sie ist nach dem spanischen Waffenarsenal (15./16. Jh.) benannt, durch dessen noch erhaltene Umfassungsmauer ein Durchgang in die unmittelbar dahinter liegende **Citadella dei Musei** ⑬ führt. Im früheren Zeughaus sind heute gleich fünf Museen untergebracht. Das *Museo d'Arte Siamese* (Tel. 070 65 18 88, Juli, Aug. Di–So 9–13, 16–20, Sept.–Juni Di–So 9–13, 15.30–19.30 Uhr) zeigt südostasiatische Kunstwerke und Waffen, während die *Raccolta di Cere*

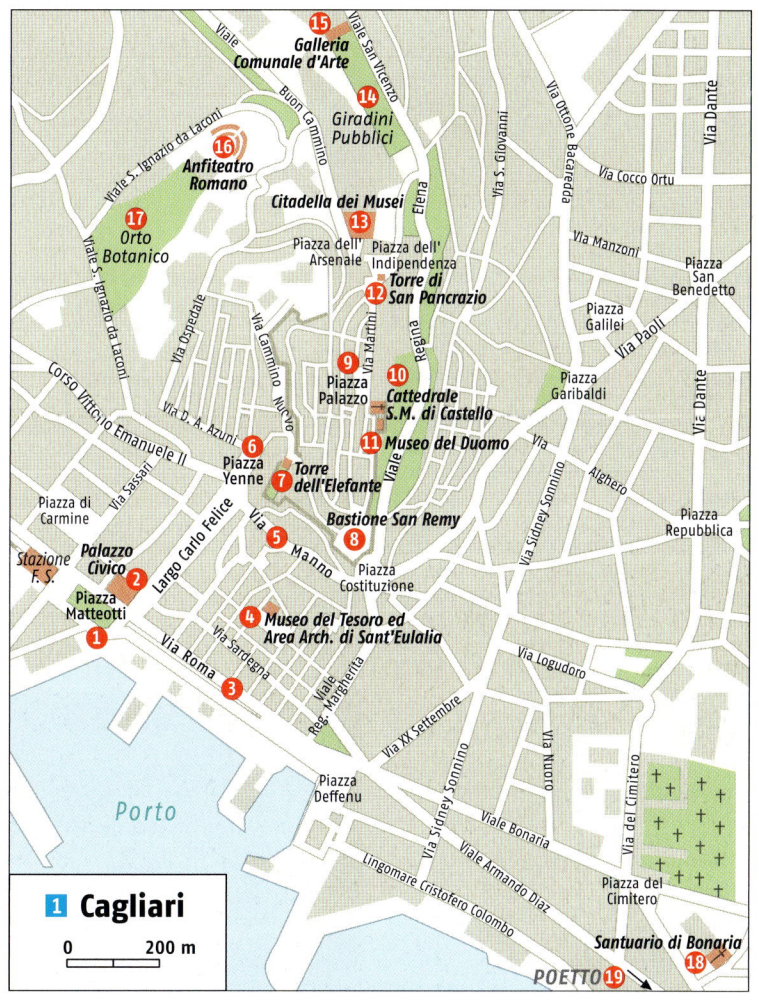

Die Bewohner von Cagliari verbringen ihre Freizeit am liebsten am Stadtstrand Poetto

Anatomiche (Tel. 07 06 75 76 24, Di–So 9–13, 16–19 Uhr) mit seinen detailgetreuen anatomischen Wachsmodellen des 19. Jh. interessante Zeugnisse der Medizingeschichte besitzt. Das *Museo Etnografico Regionale* (Tel. 07 84 24 29 00, www.isresar degna.it, Di–So 10–19 Uhr) präsentiert sardische Volkskunst mit Schmuck, Textilien und Mobiliar des 18./19. Jh.

In der Citadella keinesfalls versäumen sollte man einen Besuch des **Museo Archeologico Nazionale** (Tel. 070 60 51 82 45, Di–So 9–20 Uhr). Nirgendwo sonst auf der Insel sind so viele Bronzestatuetten (ab dem 8. Jh. v. Chr.) der Nuragher ausgestellt. Die meisten dieser 5–20 cm hohen, ausdrucksstarken *Bronzetti* stellen wahrscheinlich Krieger und Priester dar. Lange Kultspeere mit doppeltem Hirschgeweihaufsatz oder bis zu 25 cm lange Votivschiffchen gehören ebenfalls zu den Schätzen der reichen Sammlung. Doch auch die anderen Exponate sind sehenswert, etwa Tongefäße aus dem mittleren Neolithikum (4000–3500 v. Chr.), eine 15 cm kleine Göttin aus Kalkstein mit flacher Kopfbedeckung aus der Nekropole Cuccuru S'Arriu bei Oristano oder eine etwa dreimal so große weibliche Gestalt aus weißem Marmor in schlichter, fast geometrisch abstrahierter Kreuzform.

Weitere Hauptattraktion der Citadella ist die **Pinacoteca Nazionale** (Tel. 070 67 40 54, www.pinacoteca. cagliari.beniculturali.it, Di–So 9–20 Uhr) mit sardischer Kunst des 15./16. Jh. Vor allem die Altarretabel zeugen von der hohen Qualität der gotisch-katalanischen Kunst auf der Insel. Eines der bedeutendsten Werke ist das *Retablo di San Cristoforo* eines anonym gebliebenen Meisters aus Kampanien (Ende 16. Jh.). Es stammt aus der Kirche San Francesco di Stampace in Cagliari und zeigt auf sechs Tafeln in manieristischer Form eine Kreuzigungsszene, darunter Mariä Krönung, flankiert von den Heiligen Johannes dem Täufer und Christophorus links sowie Katharina und Sebastian rechts.

Kunstfreunde kommen auch in den nahen **Giardini Pubblici** ⑭, einem schmalen Stadtpark mit herrlichem Panoramablick auf Unterstadt, Umland und Meer auf ihre Kosten. In einem klassizistischen Bau zeigt die **Galleria Comunale**

d'Arte ⑮ (Tel. 07 06 77 75 98, www.galle riacomunalecagliari.it, Juli, Aug. Mi–Mo 9–13, 17–21, Sept.–Juni Mi–Mo 9–13, 15.30–19.30 Uhr) Skulpturen und Gemälde bedeutender sardischer Künstler des 20. Jh., etwa Francesco Ciusa und Felice Melis Melini. Darüber hinaus fand die *Collezione Ingrao*, eine Privatsammlung italienischer Kunst vom 19. Jh. bis zur Gegenwart, in den Räumlichkeiten Platz.

Anschließend führt ein kleiner Spaziergang durch das Viertel Stampace zum **Anfiteatro Romano** ⑯ (Tel. 070 65 29 56, www.anfiteatroromano.it, April–Okt. Di–Sa 9.30–13.30, So 9.30–13.30, 15.30–17.30, Nov.–März Di–Sa 9.30–13.30, So 10–13 Uhr). Das unterhalb der Via Nicola da Gesturi liegende römische Amphitheater wurde im 2. Jh. n. Chr. aus dem Kalkfelsen gehau-

Nuraghische Votivschiffchen gehören zu den Schätzen des Museo Archeologico Nazionale

en und bot annähernd 10 000 Zuschauern Platz. Die Anlage wurde restauriert und durch moderne Anbauten ergänzt. Im Sommer finden nun vor dieser antiken Kulisse beeindruckende Opernaufführungen und Konzerte statt.

Nur ein paar Schritte bergab lädt der Botanische Garten, **Orto Botanico** ⑰ (Via Sant'Ignazio da Laconi 11, Tel. 07 06 75 35 12, www.ccb-sardegna.it, April–Okt. Mo–Sa 8.30–18, So 8.30–13.30, Nov.–März tgl. 8.30–16.30 Uhr), dazu ein, die sardische Pflanzenwelt kennenzulernen und eine Pause im Schatten schöner Bäume einzulegen.

Inselheilige und Hausstrand

Etwa 2 km östlich der Innenstadt führt eine imposante Freitreppe vom Viale Armando Diaz einen Hügel hinauf zum **Santuario di Bonaria** ⑱ (Tel. 070 30 17 47, www.nsdibonaria.it, April–Okt. tgl. 6.30–11.30, 17.30–19.30, Nov.–März tgl. 6.30–11.30, 16.30–18.30 Uhr). Das Kloster selbst wurde Anfang des 14. Jh. errichtet. Blickfang ist heute die barocke Fassade der ab 1704 angebauten Kirche **Santa Maria di Bonaria** mit ihren von flachen Doppelpilastern geschmückten Portalen und Blendarkaden unter dem Dreiecksgiebel. Der *Innenraum* mit seinem gewaltigen Tonnengewölbe ist in üppigstem Barock ausgestattet, der Hauptaltar steht frei unter einer mächtigen Kuppel. Links neben der Kirche birgt eine kleine *Wallfahrtskapelle* (14. Jh.) das wundertätige Gnadenbild der *Madonna di Bonaria*. 1370 soll das Bild nach einem Sturm hier an die Küste geschwemmt worden sein. Seitdem gilt die hl. Jungfrau als Schutzpatronin der Seeleute sowie – seit 1907 – der ganzen Insel. Ihren Dank für die tatkräftige Hilfe der Muttergottes bekunden jedes Jahr Tausende von Gläubigen mit zahllosen Votivtafeln, die in der Sakristei, im Kreuzgang des Klosters und im angrenzenden kleinen *Museum* (So–Fr 9–11.30, 17–18.30, Sa 17–18.30 Uhr) zu sehen sind.

Etwa 7 km östlich der Innenstadt erstreckt sich der große *Stagno di Molentargius*. Zwischen der Lagune und dem Meer liegt **Poetto** ⑲, der kilometerlange helle Hausstrand Cagliaris. Mag an sommerlichen Sonn- und Ferientagen das Gedränge noch so groß sein – die Cagliaritani lieben ihren Strand mit seinen bunten *Bagni*, den Strandbädern, und den *Chioschi*, in denen mittags in ungezwungener Atmosphäre reichlich frischer Fisch und Meeresfrüchte serviert werden. Nachts kann man in Strandklubs und Bars bis zum Morgengrauen feiern.

ℹ️ Praktische Hinweise

Information

EPT, Via Cadello 9/b, Cagliari, Tel. 07 04 09 29 65

IAT, Piazza Matteotti 9, Cagliari, Tel. 070 66 92 55, www.provincia.cagliari.it

Stadtbesichtigung

Trenino Turistico, Via Crispi 19, Cagliari, Tel. 070 65 55 49, www.trenino.it. Haltestelle Piazza del Carmine, tgl. um 10, 11, 12, 16, 17, 18 und 19 Uhr. Die bunten Bimmelbahnen fahren auf unterschiedlichen Routen durch die Stadt, Dauer ca. 45 Min.

Flughafen

Aeroporto Internazionale Cagliari-Elmas, Tel. 070 21 12 11, www.aeroportodicagliari. com. 6 km nordwestlich an der Lagune. Mehrmals tgl. Flüge von und zu allen größeren europäischen Flughäfen, z. B. Rom, Frankfurt, München. ARST (s. u.) bietet Busverbindungen ins Zentrum.

Schiff

Stazione Marittima, Via Calafati, Cagliari, Tel. 070 60 51 71. Passagierschiffe und Fähren nach Sizilien, Neapel und Civitavecchia. Buchungen bei örtlichen Reisebüros und Schiffsagenturen, z. B. *Tirrenia Navigazione,* Tel. 89 21 23 (nur in Italien, gebührenfrei), www.tirrenia.it.

Bahn

Stazione FS, Piazza Matteotti, Cagliari, Tel. 89 20 21 (nur in Italien, gebührenfrei), www.fsitaliane.it

Stazione FdS, Via San Gottardo, Monserrato, Cagliari, Tel. 800 86 50 42 (nur in Italien, gebührenfrei), www.arst.sardegna.it

Stadtbahn

Metrocagliari, Tel. 070 57 03 55, www.arst. sardegna.it. Die Stadtbahn der *Ferrovie della Sardegna* verbindet seit 2008 die Piazza della Repubblica mit dem Vorort Monserrato wo sich die Stazione FdS (s. o.) befindet.

Bus

Busbahnhof, Piazza Matteotti, Cagliari. Von hier fahren Busse der ARST und FdS zu allen größeren Orten der Insel.

CTM, Cagliari, Tel. 07 02 09 11, www.ctm cagliari.it. Die orangefarbenen städtischen Busse fahren auch die Strände der näheren Umgebung, wie etwa Poetto, an. Die Tickets kauft man vor Fahrtantritt an den CTM-Points bzw. an Kiosken.

Einkaufen

Antiquitätenmarkt, Piazza Carlo Alberto, Casteddu, Cagliari. Sonntags 14–18 Uhr kann man nach Nostalgischem stöbern.

La Rinascente, Via Roma 143, Cagliari, www.rinascente.it. Sardiniens größtes und elegantestes Kaufhaus.

Prägnanter Pinselstrich

Mit seinem Vater Lorenzo und seinem Sohn Michele gilt der aus Cagliari stammende Maler **Pietro Cavaro,** der ca. 1508–37 wirkte, als Begründer der **Schule von Stampace,** benannt nach dem Stadtviertel der Hauptstadt, in dem die Ateliers lagen. Was immer im 16. Jh. auf Sardinien gemalt wurde, war beeinflusst von dieser Schule. Pietro, der eine

Pietro Cavaro malte erstmals den Gekreuzigten mit angewinkelten Beinen

intensive künstlerische Ausbildung in Barcelona und Neapel genossen hatte, gilt vielen Kunstkritikern als der größte sardische Maler schlechthin.

Im Rathaus von Cagliari ist eines seiner kostbarsten **Retabel** [s. S. 20] zu bewundern. Pietros Gemälde begeistern durch dynamische, lebensvolle Kompositionen und leidenschaftlich bewegte Figuren. Insbesondere die Mimik und Interaktion der Personen begeistern. Manche Kunsthistoriker bemängeln freilich, Pietro sei allzu sehr der niederländischen Malerei des 15. Jh. verhaftet geblieben. Von diesem Einfluss löste er sich erst in seinem Spätwerk, das mit seinen vehement gedrehten Körpern und überstreckten Proportionen dem Manierismus anhing. Besonders deutlich ist dies am **Retablo della Crocifissione** in der Kathedrale von Cagliari zu erkennen, das Christus erstmals mit angewinkelten Beinen am Kreuz hängend zeigt. Danach wurde auf der Insel der Gekreuzigte nur noch in dieser Form dargestellt!

Verführungskunst, die auf der Zunge zergeht: Eis der Isola del Gelato

Hotels

****Caesar's**, Via Darwin 2/4, Cagliari, Tel. 070 34 07 50, www.caesarshotel.it. Ansprechendes Hotel im Osten von Cagliari um einen Innenhof herum mit 48 Zimmern und Restaurant.

****Miramare,** Via Roma 59, Cagliari, Tel. 070 66 40 21, www.hotelmiramare cagliari.it. 18 verschieden gestaltete Zimmer in einem Stadtpalais. Herrlicher Meerblick, super Frühstück.

****Regina Margherita**, Viale Regina Margherita 44, Cagliari, Tel. 070 67 03 42, www.hotelreginamargherita.com. Schwarz, Weiß und geometrische Muster dominieren die 100 Zimmer des schicken Hotels nahe der Meerespromenade. Mit Garage.

***Quattro Mori**, Via G. M. Angioj 27, Cagliari, Tel. 070 66 85 35, www.hotel4 mori.it. Einladendes Stadthotel mit 39 Zimmern, zentral in der Nähe des Bahnhofs gelegen. Mit Parkplatz.

Restaurants

Die meisten Restaurants Cagliaris haben So und im Aug. geschlossen.

Antica Hostaria, Via Cavour 60, Cagliari, Tel. 070 66 58 70, www.anticahostaria.it. Das elegante Lokal im Hafenviertel bietet lokale Küche mit Fisch und Fleisch.

TOP TIPP   **Dal Corsaro**, Viale Regina Margherita 28, Cagliari, Tel. 070 66 43 18, www.dalcorsaro.com. In dem klassisch-eleganten Restaurant im *Marina*-Viertel speisen Gäste vom Besten, was die Insel zu bieten hat. Es lohnt sich, ein sardisches oder ein cagliaritanisches Menü mit Fisch und Meeresfrüchten zu probieren. Hervorragende Weine, perfekter Service.

Flora, Via Sassari 47, Cagliari, Tel. 070 66 47 35. Freundliches Restaurant mit gutem Preis-Leistungs-Verhältnis nordwestlich des Rathauses. Mit lokaler Küche und guter Weinauswahl.

San Crispino, Corso Vittorio Emanuele 190 (westlich der Piazza Yenne), Cagliari, Tel. 070 65 18 53. In dem rustikalen Restaurant im Stampace-Viertel kommen lokale Gerichte auf den Tisch: Muscheln und Seeanemonen, Pferdesteak und Eselsfleisch.

Santa Gilla, Via Tevere 37/39, Cagliari, Tel. 070 28 83 58. Sehr einfache kleine Trattoria nahe der Via Santa Gilla im Südwesten der Stadt mit preiswerter und dennoch perfekter sardischer Küche. Spezialisiert auf Fleischgerichte, aber auch Fisch und Meeresfrüchte gibt es in großen Portionen!

Eisdiele

Isola del Gelato, Piazza Yenne 35, Cagliari, Tel. 070 65 98 24. Insel der Glückseligkeit für Eisliebhaber!

Nachtleben

Beliebt sind die Bars rund um die **Piazza Yenne**, von denen man zu späterer Stunde ins Viertel zwischen Largo Carlo Felice, Corso Vittorio Emanuele II und Viale Trieste ausschwärmt. Im Sommer sind die **Strandklubs** von Poetto angesagt.

Zu beiden Seiten Meer: die auf einer Landzunge gelegene Spiaggia Punta Molentis

2 Villasimius

Beliebte Feriensiedlung mit buchtenreicher sandiger Traumküste.

Mit grandiosen Ausblicken auf das Meer und sanfte Hügel, die nicht selten von den Überresten steinerner Sarazenentürme bekrönt sind, führt die kurvenreiche und an Sommerwochenenden höchst beliebte **Küstenstraße** von Cagliari Richtung Osten. Dabei passiert sie die großen Urlaubsorte *Torre delle Stelle* und *Solanas* sowie das weit vorspringende **Capo Boi**. Das Kap markiert das westliche Ende des Golfo di Carbonara, an dem viele kleine Buchten und schließlich ein gut 500 m langer, weißer Sandstrand zum Badestopp einladen, bevor *Villasimius* (3400 Einw.) erreicht ist. Das Dorf, dessen Hinterland um den 1023 m hohen *Monte Sette Fratelli* bereits die Römer als fruchtbares Getreideanbaugebiet schätzten, hat sich mit zahlreichen Unterkünften, Geschäften und Ausgehmöglichkeiten längst auf die Bedürfnisse von Feriengästen eingestellt, die sich tagsüber an den nahen Traumstränden tummeln. Besonders beliebt sind die *Spiaggia Punta Molentis* östlich von Villasimius oder die 1 km lange feinsandige *Spiaggia del Simius*, die man vom Ortszentrum aus über die Via del Mare erreicht. Südlich daran schließt sich die **Spiagga di Porto Giunco** an. Ihr Sandstreifen fällt im Osten sanft ins Mittelmeer ab, im Westen wird er begrenzt durch die Lagune namens *Stagno Notteri*, in der man Flamingos beobachten kann. Mit dem Auto erreicht man diesen ›Strand der zwei Meere‹ über die Stichstraße, die von Villasimius Richtung Capo Carbonara (militärisches Sperrgebiet) führt. Kurz bevor man den Jachthafen von Villasimius erreicht, zweigt links ein Sträßchen hinunter zum Meer ab.

i Praktische Hinweise

Hotels
****Grand Hotel Capo Boi**, Località Piscadeddus, Villasimius, Tel. 07 07 98 90 14, www.orovacanze.it. Luxuriöse Anlage mit Pool, Sport- und Wellnessangebot.

****Simius Playa**, Via del Mare, Villasimius, Tel. 07 07 93 11, www.simiusplaya.com. In einen Garten eingebettetes Ferienhotel mit eigenem Badeplatz am Strand, Pool und Tennisplatz.

****Stella Maris**, Località Campulongu (5 km südwestlich), Via dei Cedri, Villasimius, Tel. 070 79 71 00, www.stella-maris.com. Das Hotel mit mediterranem Charme liegt oberhalb eines schönen Sandstrands. Mit Pool und Tennisplatz.

3 Costa Rei

Kilometerlange Dünen im Schutz des Monte Nai.

Weiße Sandstrände mit Piniensaum und eine Kette von Lagunen machen den Reiz der Costa Rei aus, einem mehr als 12 km langen Uferabschnitt im Südosten Sardiniens. Die ›Königliche Küste‹ erstreckt sich zwischen zwei Erhebungen: im Norden der 300 m hohe **Monte Ferru**, der auf das weit ins Meer ragende *Capo Ferrato* mit Leuchtturm und Granitfelsen weist, im Süden der **Monte Macioni** (336 m). Dazwischen fungiert der **Monte Nai** (239 m) als Landmarke und Hausberg der gleichnamigen Feriensiedlung zu seinen Füßen. Unzählige Supermärkte und Restaurants dienen der Versorgung der jährlich rund 20 000 Urlauber, die hier in Apartments oder Ferienwohnungen den Sommer verbringen.

Die relativ niedrigen Dünen der Costa Rei sind spärlich bewachsen, der Küstenstreifen davor ist aus feinstem Sand und wird vereinzelt punktiert von großen, rund gewaschenen Felsen. Der frei zugängliche Strand läuft flach ins Meer aus, ein Paradies für Kinder. Für Abwechslung vom Schwimmen und Sonnenbaden sorgen die Angebote von Tauchschulen, Reitställen oder Fahrradverleihern.

i Praktische Hinweise

Information

Ufficio Informazioni Turistici, Via Ichnusa, Località Costa Rei, Tel. 070 99 13 50, www.costarei.com. Nur im Sommer.

Unterkunft

Villetta 9, Via delle Palme, Costa Rei, Reservierung in Deutschland, Tel. 089/ 749 86 60, www.sardinien.de. Kühles Sommerhaus für 6 Personen mit gepflegtem Garten und großer Terrasse.

4 Santa Margherita di Pula und Nora

Turbulent geht es an den Sandstränden zu, ruhiger auf der Ausgrabungsstätte.

Santa Margherita di Pula ist eine lang gestreckte Feriensiedlung rund 30 km südwestlich von Cagliari. Die gepflegten Hotel- und Klubanlagen reihen sich an den kilometerlangen, meist von Pinien beschatteten Sandstränden aneinander. Sportbegeisterte Urlauber kommen hier voll auf ihre Kosten. Neben Segeln, Surfen und Tauchen werden auch Tennis, Reiten oder Golf angeboten.

Empfehlenswert ist ein Ausflug nach **Pula** (7200 Einw.) etwa 6 km nördlich des Ferienzentrums. Das sympathische Städtchen, in dem man recht gut einkaufen und essen gehen kann, besitzt einen schönen historischen Kern mit verwinkelten Gassen und herausgeputzten Patrizierhäusern. Auf der zentralen *Piazza del Popolo* finden an Sommerabenden Konzerte und Tanzveranstaltungen statt, und im kleinen *Civico Museo Archeologico* (Corso Vittorio Emanuele 67, Tel. 07 09 20 96 10, im Sommer Di–So 9–20, im Winter Di–So 9–17.30 Uhr) sind Funde aus dem nahen Nora, u. a. phönizische Amphoren, zu bewundern.

Nora

Über eine hübsche Promenade erreicht man von Pula aus das **Capo di Pula** mit den Ruinen von *Nora* (Tel. 070 92 14 70, www.nora.it, im Sommer tgl. 9–20, im Winter tgl. 9–17.30 Uhr), der vermutlich ältesten Stadt Sardiniens. Auf diesen Ausflug sollte man seine Badesachen mitnehmen, denn in der Nähe locken attraktive Strände.

Phönizier gründeten um 1000 v. Chr. auf der weit ins Meer hinaus ragenden Halbinsel eine erste Handelsniederlassung, die in den folgenden Jahrhunderten punische Siedler zu städtischer Blüte brachten. Die Ausgrabungen des erst 1889 bei einer Springflut wiederentdeckten Ortes brachten jedoch hauptsächlich Spuren der Römer zutage, die Nora 238 v. Chr. eroberten und ihren Bedürfnissen gemäß ausbauten.

Am *Eingang* erhält man ein Faltblatt, das den Bummel durch die interessanten Ruinen informativ und einfach gestaltet. Zunächst läuft man direkt auf das Forum zu, an dem das kleine römische *Theater*

So liebten es die reichen Römer – kunstvolle Mosaiken in Nora zeugen von Wohnkultur

(2.–4. Jh. n. Chr.). mit zwölf Zuschauerreihen noch heute einen hübschen Anblick bietet. Beachtung verdienen auch die sorgfältig gearbeiteten *Mosaikböden* der Tempel, Thermen und Privatvillen. Am östlichen Rand der Ausgrabungsstätte erhebt sich ein Sarazenenturm. Er wurde im 17. Jh. vermutlich auf phönizischen Fundamenten errichtet und diente zu Verteidigungszwecken gegen die häufigen Seeräuberüberfälle.

Vor den Toren Noras befindet sich an einem schönen Sandstrand die romanische Wallfahrtskapelle **San Efisio** (Sa 14.30–17.30, So 10–12 und 14.30–17.30 Uhr), die dem Schutzheiligen Cagliaris, dem Märtyrer Efisio, geweiht ist. Papst Urban II. hatte die Kapelle 1089 Mönchen des Benediktinerordens übereignet.

ℹ️ Praktische Hinweise

Hotels

****Costa dei Fiori**, SS 195, km 33,2, Santa Margherita di Pula, Tel. 07 09 24 53 33, www.costadeifiori.it. Freundliche Zimmer und Apartments rings um einen Swimmingpool. Nur ein schmaler Wald trennt die Hotelanlage vom Strand.

****Forte Village Le Palme**, SS 195, km 39,6, Santa Margherita di Pula, Tel. 07 09 21 71, www.fortevillageresort.com. Eines der aufwendigsten Klubhotels

Sardiniens in einem Pinienwald direkt am feinsandigen Strand. Viele Sportmöglichkeiten.

TOP TIPP ****Is Molas Golf Hotel**, Is Molas (4 km westlich von Pula), Tel. 07 09 24 10 06, www.ismolas.it. Sehr ruhiges und exklusives Sporthotel am Strand mit Garten, zwei Pools, Tennisplatz und Beauty Center. Der 27-Loch-Golfplatz liegt nahebei.

****New Barcavela**, Via delle Ondine, SS 195, km 39,8, Santa Margherita di Pula, Tel. 07 09 29 04 76, www.newbarcavela.it. Kleineres Hotel im Pinienwald mit Pool.

Villa Su Tauloni, Is Molas, Reservierung in Deutschland, Tel. 089/749 86 60, www.sardinien.de. Großzügiges Ferienhaus für 8 Personen in den grünen Hügeln oberhalb von Pula. Garten mit Pool und Terrasse mit Meerblick.

5 Costa del Sud

Kiesel und Sand: Beinahe unberührte Strände warten auf ihre Entdeckung.

Im Vergleich zum sommerlichen Trubel um Santa Margherita di Pula geht es an der rund 20 km langen Costa del Sud weiter südwestlich geradezu beschaulich zu, obwohl auch hier immer mehr

Feriensiedlungen entstehen. Auf der kurvigen Fahrt durch die wildromantischen, von Macchia bedeckten Hügel der Südküste genießt man immer wieder großartige Ausblicke auf das verlockend schöne Meer, in das vorwitzig vorspringende Felsnasen ragen. Ab und zu erhebt sich ein dekorativer Sarazenenturm wie die **Torre di Chia** bei der gleichnamigen Lagune über der See. Die buchtenreiche Küste wartet mit Stränden ganz unterschiedlichen Charakters auf: Mal bedecken Rundkiesel, mal größere Felsen oder grober, glitzernder Quarzsand die Ufer. Dazwischen locken immer wieder feinsandige Abschnitte wie die besonders schöne **Spiaggia Tueredda**. Das türkisfarbene Wasser ist seicht und kristallklar, den weißen Strand schmücken Mimosen und Macchia.

Im benachbarten Hafen von **Porto di Malfatano** an der länglichen Halbinsel des *Capo Malfatano* schaukeln ein paar Fischerboote träge auf den Wellen. Der benachbarte schmale Fjord mit dem **Porto Budello**, dessen dunkles Wasser von den Spitzen einiger Felsen durchbrochen wird, gehört den Fischern. Zur Mittagszeit kann man hier frischen Fisch genießen, einfach doch köstlich zubereitet. Südwestlich, unterhalb des Militärsperrgebietes, wurde 2009 der große Hafen von Teulada ausgebaut. Dieser **Porto Nou** bietet Jachten ebenso Platz wie Fischerbooten, zwei hübsche niedrige Gebäude beherbergen den *Fischmarkt*.

Sanft steigt das Land von der Küste aus an. Etwa 6 km im Landesinneren liegt in

Das Werk von Jahrmillionen

15 km nördlich von Teulada birgt inmitten des dichten Laubwaldes von Pantaleo der 236 m hohe **Monte Meana** die grandiosen Tropfsteinhöhlen **Grotte Is Zuddas** (Tel. 07 81 95 57 41, www.grotteiszuddas.com, Führungen April–Sept. tgl. 9.30–12, 14.30–18, Okt.–März Mo–Sa 12 und 16, So 9.30–12, 14.30–18 Uhr). Rot und orange färben eingelagerte Metallsalze die Wände der Höhle. Die Besucher werden 500 m tief in die faszinierende Welt unter der Erde geführt. In den Sälen der Höhle tropft stetig Kalkwasser von den Decken und lässt die dicht hängenden Stalaktiten noch heute wachsen, etwa 1 cm in 100 Jahren. Stalagmiten, die sich vom Boden her aufbauen, brauchen ein wenig länger. Am eindrucksvollsten sind in Is Zuddas aber die **exzentrischen Aragoniten**: In alle Himmelsrichtungen ragen feinste, durchsichtige Kristallnadeln aus dünnen Kalkrohren, scheinbar unbeeinflusst von der Schwerkraft, die sie eigentlich hätte nach unten wachsen lassen sollen.

nur 50 m Höhe das Städtchen **Teulada** an der SS 195. Es scheint vom Tourismus fast unberührt zu sein, obwohl abseits der alten Wohnhäuser und Bauernhöfe an den Hängen voll rot blühender Wolfsmilchgewächse immer mehr Ferienhäuser auszumachen sind.

Dünen und feiner Sandstrand zeichnen manche Abschnitte der Costa del Sud aus

6 Carbonia

Bergarbeiterstadt, vom Duce aus der Taufe gehoben.

Das bergige **Sulcis**, der Südwesten Sardiniens, galt bereits Puniern und Römern als Kornkammer. Naturschätze anderer Art interessierten Benito Mussolini, der 1933–38 für die Arbeiter des hiesigen Braunkohlebergwerks die Stadt Carbonia (30 000 Einw.) aus dem Boden stampfen ließ. Der Kohleabbau wurde inzwischen weitgehend eingestellt, nur im nahen Nuraxifigus wird dank Subventionen noch ein Bergwerk mit 500 Arbeitsplätzen betrieben.

Zu den Sehenswürdigkeiten der regelmäßig um die weite *Piazza Roma* angelegten, sehr grünen Stadt zählt das kleine **Museo Archeologico Villa Sulcis** (Via Napoli 1, Tel. 07 81 69 35 12, April–Sept. Di–So 10–19, Okt.–März Mi–So 10–17 Uhr) im früheren Wohnhaus des Bergwerksdirektors. Hier sind archäologische Fundstücke aus der Region zu sehen, u. a. neolithisches Steinwerkzeug (6. Jh. v. Chr.) und byzantinischer Schmuck aus dem 6./7. Jh. n. Chr. Multimedia-Stationen dokumentieren die phönizisch-punische Besiedlung des nahen Monte Sirai (s. u.). Auch die dortige Brandopferstätte mit Ascheurnen wurde teils rekonstruiert.

Auf dem weitläufigen Gelände der aufgelassenen Grande Miniera di Serbariu am Ortsrand gibt es zwei weitere Attraktionen. Das **Museo dei PaleoAmbientali Sulcitani** (Tel. 0 78 16 40 40, Mitte Sept. tgl. 10–19, Mitte Sept.–Mitte Juni Di–So 10–19 Uhr) zeigt zahlreiche Fossilien aus dem Südwesten Sardiniens.

Empfehlenswert ist auch eine Führung durch das **Centro Italiano della Cultura del Carbone** (Tel. 078 16 27 27, www.museodelcarbone.it, Mitte Juni–Mitte Sept. Di–So 10–19, Mitte Sept.–Mitte Juni Di–So 10–18 Uhr) inklusive einem Rundgang durch die bis zu 300 m tiefen Minen des Braunkohlebergwerks. Dieses versorgte 1937–64 einen großen Teil Italiens mit Energie. Eine didaktisch wunderbar aufbereitete Ausstellung erklärt die Technik des Braunkohleabbaus von den Anfängen bis heute, präsentiert beeindruckende Fördergeräte und beleuchtet kritisch die Arbeits- und Lebensbedingungen der Bergleute. Das Museum ist übrigens ein Besichtigungspunkt auf dem *Itinerario Geominerario*, entlang dessen Wegstrecke immer mehr historische Bergwerke für Besucher zugänglich gemacht werden. Die Museumsangestellten können über diese Sehenswürdigkeiten Auskunft geben.

Ausflüge

3 km nordwestlich von Carbonia erreicht man die gut ausgeschilderte **Zona Archeologica Monte Sirai** (Tel. 078 16 26 65, im Sommer Di–So 10–19, im Winter Mi–So 10–15 Uhr) jenseits der Staatsstraße 126. Eine 1,5 km lange Asphaltstraße führt zu der 190 m hoch gelegenen Ausgrabungsstätte auf einem flachen Hügel. Phönizier legten um 750 v. Chr. an dieser leicht zu verteidigenden Stelle eine erste Siedlung an. Im 5. Jh. v. Chr. brannten Karthager den Ort nieder und gründeten um 350 v. Chr. ein eigenes befestigtes Dorf, dessen Überreste heute besichtigt werden können. Es umfasste neben Wohnhäusern auch zwei Nekropolen, eine Akropolis sowie einen Tophet mit Brandopferstätte für die karthagische Göttin Tanit und einem Friedhof. Vermutlich verschleppten um 110 v. Chr. Römer die Bewohner vom Monte Sirai als Sklaven in die umliegenden Erzminen. Jedenfalls wurde damals die Siedlung verlassen und verfiel.

Ein landschaftlich reizvoller Ausflug führt von Carbonia aus zum 20 km östlich gelegenen **Ecomuseo Miniere Rosas** (Tel. 07 81 95 90 23, www.villaggiominerariorosas.it, April–Juni, Sept., Okt. tgl. 8–18, Juli, Aug. tgl. 8–20, Nov.–März tgl. 9–17 Uhr) bei Terrubia. Das Freilichtmuseum mit Mine und Bergarbeiterdorf liegt hinter einer felsigen Schlucht an einem von Wildoleanderbüschen gesäumten Bach.

Etwa 10 km südwestlich der Miniere befindet sich bei Villaperuccio der **Parco Archeologico di Montessu** (Tel. 078 16 40 40, www.montessu.it, im Sommer tgl. 9–13, 15–20, im Winter tgl. 9–13, 14–17 Uhr, festes Schuhwerk ratsam), eine der größten Anlagen von Feenhäusern (*Domus de Janas*). So nennt man die etwa 40 nuraghischen Höhlengräber, die rund 5000 Jahre alt sein sollen. Fußwege führen zu den Grabkammern, in deren Wände z. T. geometrische und figurative Dekorationen gemeißelt sind.

ℹ Praktische Hinweise

Bahn

Stazione FS, Piazza Stazione FS, Carbonia, Tel. 89 20 21 (nur in Italien, gebührenfrei), www.fsitaliane.it

Hafenidyll mit blauen Fischerbooten im Städtchen Sant'Antioco auf der gleichnamigen Insel

Einkaufen

Die Region Sulcis ist bekannt für ihren guten **Pecorino** (Schafskäse). Luftdicht verpackt (sottovuoto), sind die Sorten *Sulcitano*, *Sandàlio* oder *Cuore del Sulcis* auch leckere Mitbringsel. Empfehlenswert sind auch die ausgezeichneten Weine der Gegend, z. B. von der Kellerei **Santadi** (Via Cagliari, 78, Santadi, Tel. 07 81 95 01 27 www.cantinadisantadi.it).

7 Isola di Sant'Antioco

Wunderschöne Fischerinsel mit uralter Geschichte und aufblühendem Tourismus.

Handeltreibende Phönizier und Römer auf der Suche nach Erzminen kamen ab dem 8. Jh. v. Chr. auf die rund 100 km² große, hügelige, von Nuraghern bewohnte Insel, welche durch eine Bogenbrücke mit dem Festland verbunden war. Karthager erreichten sie im 5. Jh. v. Chr. von Afrika aus mit dem Schiff. Heute verbindet ein etwa 5 km langer Damm Sardinien mit dem Hauptort der Insel, der ebenfalls den Namen **Sant'Antioco** (11 700 Einw.) trägt. Er geht auf das phönizische Sulci zurück, doch erst die Römer bauten ab 238 v. Chr. den geschützten Naturhafen aus.

Noch heute verdankt die Stadt ihren Wohlstand dem bedeutenden **Hafen**. In seiner aktuellen Form ließ ihn – ebenso wie große Teile der Stadt – 1933 Benito Mussolini anlegen, um Minerale und Kohle aus den im Südwesten Sardiniens gelegenen Regionen Sulcis und Iglesiente auszuführen. Diesen Zweck erfüllt der Hafen noch immer. Hinzu kommen eine kleine Werft sowie Anlegestellen für Fähren, Fischerboote und Jachten.

Palmen und alte Platanen schmücken die Hafenfront. Oberhalb liegt auf einem Hügel die kleine Altstadt, das **Centro Storico**, über deren saniertem Kern sich die Kuppel der Pfarrkirche **Sant'Antioco** (Mo–Sa 9.30–12, 15.30–18, So/Fei 15.30–18 Uhr) erhebt. Bereits im 6. Jh. wurde sie als Zentralkuppelbau angelegt und dem hl. Antiochus von Sulci († um 125 n. Chr.) geweiht. 1089–1102 wurde das Gotteshaus gründlich umgestaltet bzw. mit fast schwarzen Trachytblöcken überbaut. Die fein gegliederte Barockfassade stammt aus dem 17. Jh. Im rechten Seitenschiff steigt man in die *Katakomben* aus den Anfängen der Kirche hinab. Dort finden sich neben der Grabstätte des hl. Antiochus auch punische Gräber, die man in den Gängen und Sälen der labyrinthartigen Katakomben entdeckt hat. Ein paar Skelette ließ man *in situ*, an den Wänden sind geometrische Fresken zu erkennen.

Die größte Attraktion der Stadt, das Ausgrabungsgelände der phönizisch-punischen Siedlung **Sulci**, liegt auf einem Kalksteinhügel am nördlichen Rand von Sant'Antioco. Die von einer Stützmauer aus riesigen roten Trachytblöcken (4. Jh. v. Chr.) umgebene **Zona Archeologica** (Tel. 078 18 21 05, www.archeotur.it, April–Sept. tgl. 9–20, Okt.–März tgl. 9.30–13, 15–18 Uhr) besteht im Wesentlichen aus einer *Nekropole* mit zahlreichen Felsgräbern und dem *Tophet*, der zunächst als Brandopferstätte und später als Friedhof diente. Neben Urnen mit der Asche von Opfertieren wurden auffallend viele mit Kinderasche gefunden. Vermutete man früher deshalb ein schauerliches Opfer der Karthager, weiß man heute, dass hier Kinder beigesetzt wurden, die tot geboren oder im Säuglingsalter verstorben waren. Heute vermitteln ein paar Originale und zahlreiche Kopien an Stelle der rund 2000 entdeckten Urnen eine Vorstellung von der großen Bedeutung des Kultes. Das **Museo Archeologico Ferrucio Barreca** (Mobil-Tel. 038 97 96 21 14, www.archeotur.it, tgl. 9–19 Uhr) unterhalb der Ausgrabungsstätte birgt fast alle Funde, die auf dem Gelände gemacht wurden, u. a. Grabstelen und Keramiken.

In einem restaurierten alten Bauernhaus befindet sich das **Museo Etnografico** (Tel. 07 81 80 05 96, www.archeotur.it,

Erlebnis Archäologie – rund 2000 punische Urnen bilden den Tophet von Sulci

April–Sept. tgl. 9–20, 1.–15. Okt. tgl. 9–13, 15.30–20, 16. Okt.–März tgl. 9.30–13, 15–18 Uhr), das man mit derselben Eintrittskarte besuchen kann wie das Museo Archeologico. In dem Museum lernt man z. B. alte Getreidearten kennen sowie daraus kreierte Pastasorten, Brote und Gebäck. Auch *Pina nobilis*, die Edle Steckmuschel, wird vorgestellt. Diese bis zu 70 cm lange Muschelart hält sich mit zartest feinen Haaren (*Bissi*) an Muschelbänken, auf Sand oder an Holzpfählen fest. Im Alten Testament wird berichtet, König Salomon habe einen Mantel aus den kostbaren Haaren dieser Muschel getragen. Und auf Sardinien war es lange Tradition, die sog. Muschelseide zu spinnen und daraus kostbare Wandteppiche zu weben.

Streng geschützt gedeiht die Pina nobilis noch heute im Norden von Sant' Antioco, woran der Name des hiesigen Fischerortes **Calasetta** (Bucht der Seide) erinnert. Seine schnurgeraden Gassen mit weißgetünchten Häusern führen den sanft ansteigenden Hang hinauf. Ein dicker Rundturm aus rötlichem Trachyt markiert das obere Ende der Hauptstraße Via Marconi. Die auf dem Reißbrett geplante Siedlung wurde im 18. Jh. für ligurische Übersiedler erbaut. Der überschaubare Hafen des Städtchens dient der Fischerei sowie dem Fährbetrieb zur Nachbarinsel San Pietro.

In einem früheren Schlachthof in der Via Savoia richtete der sardische Künstler Ermanno Leinardi (1933–2006) das **Museo d'Arte Contemporanea** (Tel. 07 81 84 07 17, Juni–Aug. Di–So 18–21, Sept.–Mai Sa/So 17–20 Uhr) ein. In den lichtdurchfluteten Räumen sind Gemälde der Moderne und Gegenwart zu sehen. Neben Leinardis vornehmlich abstrakten Bildern zeigt die Ausstellung vor allem Werke des französischen Konstruktivismus, etwa von Michel Seuphor und Sonia Delaunay.

Südwestlich des Städtchens dehnen sich die auch bei Einheimischen beliebten Sandstrände mit ihren eher einfachen Ferienhotels aus, dazwischen liegt das Neubaugebiet Calasettas.

ℹ Praktische Hinweise

Information

Pro Loco, Piazza Repubblica 41, Sant'Antioco, Tel. 078 18 20 31, www.comune.santantioco.ca.it

Pro Loco, Lungomare Cristoforo Colombo, Calasetta, Tel. 078 18 85 34, www.prolococalasetta.it

Hübsch herausgeputzt präsentiert sich die Fußgängerzone von Carloforte

Hotels ******Luci del Faro**, Località Mangiabarche, Calasetta, Tel. 07 81 81 00 89, www.hotelucidelfaro.com. Zauberhaftes Sommerhotel in Strandnähe. 38 Zimmer und Apartments im sardischem Stil. Pool, gemütliche Bar, Restaurant und Parkplatz.

***L'Eden, Piazza Parrocchia 15–17, Sant'Antioco, Tel. 07 81 84 07 68, www.ledenhotel.com. Komfortables Hotel in der ruhigen Fußgängerzone.

Restaurant

Da Pasqualino, Via Regina Margherita 85, Calasetta, Tel. 07 81 88 47 3.
In der Trattoria kann man ligurische Fischgerichte und sardische Süßspeisen kosten. Ausgezeichnet sind auch die Weine, darunter der offene Vino della Casa (Di geschl.).

8 Isola di San Pietro

Frischer Fisch und wild zerklüftete Küste locken auf die Insel.

Nur vier Seemeilen trennen Sant'Antioco von San Pietro, doch weil die See dazwischen recht rau ist, braucht die Fähre bis zu einer halben Stunde für die Überfahrt von Calasetta nach **Carloforte** (6500 Einw.). Dort hatten sich auf Geheiß Carlo Emanuele II. Anfang des 18. Jh. nicht nur Übersiedler aus Genua niedergelassen sondern auch ligurische Fischer, die bereits im 15. Jh. in die tunesische Bucht von Tabarca ausgewandert waren und dort mittlerweile unter zunehmenden Repressalien zu leiden hatten.

Nicht nur im Altstadtviertel **Castello** erkennt man noch heute das Ligurische Carlofortes: seine pastellfarbenen, zwei- bis dreistöckigen Häuser mit grauen, viergeteilten Fensterläden, die engen Straßen und Treppengassen. An der Promenade **Via Roma** lässt es sich unter schattigen Bäumen während der Mittagshitze in einem der netten Cafés oder Fischrestaurants aushalten. Carloforte ist das einzige verbliebene Zentrum des **Thunfischfangs** auf Sardinien. Die übrigen Fischereihäfen haben die Jagd nach Thunfisch aus Kostengründen eingestellt. Interessant ist in diesem Zusammenhang das kleine **Museo Civico Casa del Duca** (Tel. 07 81 85 58 80, www.carloforte.net/museo, Mitte Juni–Mitte Sept. Di, Mi 17–21, Do–So 9–13, 17–21, Mitte Sept.–Mitte Juni Di, Mi 9–13, Do–So 9–13, 15–19 Uhr) in der Via Cisterna del Re. Modelle einer Fanganlage sowie einer Fabrik zur Weiterverarbeitung von Thunfisch sind in dem kleinen Festungsbau von 1738 ebenso zu sehen wie eine Muschelsammlung und historische Dokumente und Karten zur Stadtentwicklung.

Nur wo es für den Thunfischfang bzw. inzwischen für den Tourismus wichtig ist, gibt es auf der Isola di San Pietro Straßen. So fährt man von Carloforte auf einer Stichstraße nach **La Punta** ganz im Norden. Die Landzunge ist ein guter Ausgangspunkt für Spaziergänge, die hiesige Thunfischfabrik erinnert an die *Mattanza*, das Abschlachten Tausender von Thunfischen, das alljährlich in der Nähe von La Punta stattfindet. Im Westen der Insel lohnen Ausflüge zum steilfelsigen **Capo Rosso** und zu den roten Klippen der kleinen Badebucht von **La Caletta** weiter südlich, deren grober Sand mit Kies durchsetzt ist. Im äußersten Süden bieten die beiden *Faraglioni*, hoch aufragende Felsen, vor der **Punta Colonne** im tiefblauen Meer ein besonders schönes Bild. Unterwegs zieren Rebgärten, Olivenhaine, dichte Macchia und Hecken von Feigenkakteen die Landschaft.

ℹ️ Praktische Hinweise

Information
Pro Loco, Corso Tagliafico 2, Carloforte, Tel. 07 81 85 40 09, www.carloforte.net

Schiff
Agenzia Marittima, Piazza Carlo Emanuele 28, Carloforte, Tel. 07 81 85 40 05. Das ganze Jahr über pendeln Schiffe und Autofähren zwischen Calasetta auf Sant'Antioco und Carloforte auf San Pietro. Direkte Verbindungen gibt es jeweils auch nach Portovesme/Portoscuso.

Saremar, Portovesme, Tel. 02 26 30 28 03, www.saremar.it. Autofähre zur Isola di San Pietro und von dort weiter nach Calasetta auf der Isola di Sant'Antioco.

Hotel
***Paola 1° Maggio**, Località Taccarossa, Carloforte, Tel. 07 81 85 00 98, www.hotel paolacarloforte.it. Mit 18 Zimmern zählt das nette Hotel zu den kleineren im Ortsteil Tacca Rossa.

Restaurant
Al Tonno di Corsa, Via Marconi 47, Carloforte, Tel. 07 81 85 51 06, www.tonno dicorsa.it. Terrassen-Restaurant mit lokaler Küche. Lecker ist würzig geschmorter Thunfisch, der Tonno alla Carlofortino.

9 Iglesias

Bergarbeiterstadt mit attraktivem historischen Zentrum.

Die schmucken Häuser von Iglesias (28 000 Einw.) schmiegen sich in 200 m Höhe an den **Colle di Buon Cammino**. Die Stadt wurde im 13. Jh. durch den pisanischen Graf Ugolino gegründet und kam durch den Abbau von Silber, Blei und Zink zu Reichtum. Während eines Spaziergangs durch das teilweise noch von mittelalterlichen Mauern umgebene historische Zentrum laden immer wieder nette Cafés und Bars zum Verweilen ein.

Auf der zentralen Pìazza Municipio zieht die Pfarrkirche **Santa Chiara** (13. Jh.)

Ein Bilderbuchmotiv sind die aus dem Meer aufragenden Felsen vor der Punta Colonne

Auf alter Römerstraße zum Höhlenlabyrinth

Teilweise recht steil bergauf, denn die Römer bevorzugten den direkten Weg, geht es auf dieser reizvollen, technisch aber wenig anspruchsvollen Rundwanderung (ca. 2,5 Std.) auf der antiken Straße, die einst Antas und Fluminimaggiore verband. Vom Parkplatz am **Tempio di Antas** (eine detaillierte Wegbeschreibung erhält man am Ticketschalter) führt die Beschilderung ›Antica Strada Romana Antas-Su Mannau‹ zügig aufwärts und bietet dabei herrliche Ausblicke auf das Tal des Antas und die Tempelsäulen des Sardengottes. Wenig später passiert man am linken Wegesrand Mauerreste eines **Nuraghendorfes**, streift sodann durch Wiesengelände und nach Kräutern duftende Macchia und erreicht nach einem Anstieg durch schattigen Wald auf 465 m den Gipfel des Sattels. In Serpentinen geleitet nun ein alter gepflasterter **Köhlerweg** hinab in die Senke zu einem einladenden Picknickareal. Nahebei verläuft die Talstraße zum Parkplatz der **Grotta su Mannau**, wo am Hang weitere Picknicktische zur

Auf einem Hügel über dem Tal des Antas thronen die Überreste des Tempio di Antas

Rast verlocken. Nach der erfrischend kühlen Höhlenerkundung sorgt die (150 m hinter dem Parkplatz) kraftvoll und ohne Kehren bergauf strebende **Strada Romana** wieder für schnelle Erwärmung. Eindrucksvoll sind die teils sichtbaren Spurrillen, die römische Karrenräder hier eingegraben haben. Hat man auf 400 m Höhe den Anstieg geschafft und das **Bergpanorama** zwischen Punta Su Mannau (533 m) im Nordwesten und Punta `e Su Gallesu (488 m) im Südosten ausgiebig genossen, geht es entspannt auf flachem Pfad zurück zum Ausgangspunkt.

mit ihrem festungsgleichen Glockenturm die Blicke auf sich. Ihre Fassade mit der klaren Vertikalgliederung und dem abgetreppten, tief eingeschnittenen Rundbogenfries trägt bereits die gotischkatalanische Handschrift des 16. Jh.

Wer sich für Geschichte und Technik des Bergbaus interessiert, sollte auch einen Besuch im **Museo dell'Arte Mineraria** (Via Roma 47, Tel. 0781 35 00 37, www.museoartemineraria.it, April–Juni Sa, So 18–20, Juli–Sept. Fr–So 19–21 Uhr) im Untergeschoss der Bergbauschule Asproni einplanen. Geräte, Fotos und Modelle vermitteln einen Eindruck von der Arbeit unter Tage. Highlight ist die Begehung der Unterrichtsstollen unter dem Gebäude.

ℹ Praktische Hinweise

Information

Pro Loco, Via Roma 10, Iglesias, Tel. 078 13 11 70, www.prolocoiglesias.it

Bahn

Stazione FS, Via San Salvatore, Iglesias, Tel. 89 20 21 (nur in Italien, gebührenfrei), www.fsitaliane.it

10 Tempio di Antas und Grotta su Mannau

Bedeutende Kultstätte und eine schöne Tropfsteinhöhle nahebei.

Unmittelbar nördlich von Iglesias führt eine schmale, aber gut ausgebaute Bergstraße in steilen Kehren in das dicht bewaldete Hinterland hinauf. Macchia mit Wildoliven und Korkeichen prägen das Landschaftsbild. Nach etwa 20 km zweigt kurz hinter dem Weiler Sant'Angelo eine schmale, 2 km lange Stichstraße nach Osten ab zu den Überresten des **Tempio di Antas** (Mai–Sept. tgl. 9.30–19, Okt.–April tgl. 10–16.30 Uhr), die sich auf einem Hügel über dem Tal des Antas erheben. Die Ursprünge des Tempels, der den Sarden als Nationaldenkmal gilt, reichen bis in vorgeschichtliche Zeit zurück, als sich hier ein nuraghisches Wasserheiligtum befand. Darüber erbauten die Punier im 6. Jh. v. Chr. einen Kultplatz für ihren Gott Sid. Der römische Kaiser Caracalla ließ im 3. Jh. n. Chr. einen Nachfolgebau errichten und dem ›Gott der Sarden‹ Sardus Pater Babay weihen.

Geht man vom Parkplatz am Fuß des Hügels auf den Tempel zu, erkennt man rechts Reste der majestätischen Säulenhalle mit ihren hoch aufragenden ionischen Säulen und Gebälk. Links davon breiten sich Ruinen der Cella, des Kultraumes, aus. Auffällig ist der schlichte schwarz-weiße Mosaikfußboden. Obwohl dieser Tempel seit seiner Wiederentdeckung im 19. Jh. von Plünderungen und Zerstörungen nicht verschont blieb, fand man hier bei Grabungen 1966–68 zahlreiche punische Inschriften – ein Riesenschatz, der heute im Museo Archeologico Nazionale [s. S. 24] in Cagliari aufbewahrt wird.

Zur Zona Archeologica gehören auch Reste eines kleinen Nuraghendorfes und ein römischer Steinbruch, den man in etwa 20 Min. zu Fuß erreichen kann.

TOP TIPP Grotta su Mannau

Fährt man vom Tempio de Antas weiter nach Norden, locken bereits nach wenigen Kilometern Schilder zur Grotta su Mannau (Tel. 0781 58 04 11, www.sumannau.it, Ostermontag–Juni tgl. 9.30–17.30, Juli–Okt. tgl. 9.30–18.30, Nov.–März nach Vereinbarung) im dichten Kork- und Steineichenwald. Die 8 km lange Grotte gehört zu einem größeren Höhlensystem und ist die wohl schönste Schauhöhle Sardiniens. Der Rundgang führt auf einer Strecke von rund 800 m durch imposante Säle, darunter die Sala Archeologica, die einst als Kultplatz diente, und zu einigen spektakulären Aussichtspunkten mit Blick auf kleine, glasklare Teiche, fantastische Sinterterrassen und Stalaktiten, deren Enden nicht immer spitz nach unten zulaufen, sondern sich teilweise stark verzweigen.

11 Costa Verde

Traumhaft schöne Dünenküste fernab vom Touristenrummel.

Costa Verde, grüne Küste, heißt die in ihrem südlichen Teil traumhaft schöne Dünenküste von Arbus. Man erreicht sie am besten über Marina di Arbus, von wo eine von verlassenen Bergwerken gesäumte, zum Teil holperige Piste zu den **TOP TIPP** bis zu 3 km ins Inselinnere hinein aufgeworfenen **Dune di Piscinas** führt. Naturliebhaber können auf einem einfachen Campingplatz am feinsandigen Strand übernachten. Wer es gediegener mag, nimmt ein Zimmer im Hotel Le Dune (s. u.).

Der nördliche Teil der Costa Verde, der über kurvige Asphaltstraßen erreichbar ist, wurde durch allzu intensive touristische Bebauung seines Charmes beraubt. Einzig die Feriensiedlung an der **Torre dei Corsari** kann sich sehen lassen. Nicht weil die Villen und Apartmenthäuser besonders schön wären, sondern wegen der hohen Düne, die den mit Restaurant, Sonnenschirmen und Liegen ausgestatteten Strand vom Hinterland abgrenzt: Sie dient immer wieder als ›afrikanische‹ Filmkulisse.

ℹ️ Praktische Hinweise

Hotel

***Le Dune**, Località Piscinas di Ingurtosu, Arbus, Tel. 070 977130, www.ledune ingurtosu.it. Zauberhaftes und absolut ruhiges Hotel zwischen Strand und Dünen, in historischem Lagerhaus, das einst der Aufbewahrung von Mineralien diente. Mit Pool und Restaurant.

Wettlauf auf die schönsten Dünen Sardiniens, die Dune di Piscinas an der Costa Verde

Weiter Blick über die Ebene der Marmilla mit Su Nuraxi und dem Kegelberg Las Plassas

12 Barumini und Su Nuraxi

Archäologische Stätten und Natur-schönheiten in der Marmilla-Ebene.

Das Dorf Barumini liegt inmitten der sanft gewellten Ebene der **Marmilla** an der SS 197. Am Ortsrand lohnt der Besuch des **Museo Casa Zapata** (Piazza Giovanni XXIII, Tel. 07 09 36 84 76, April–Aug. tgl. 10–20, Sept. tgl. 10–19, Okt. tgl. 10–18.30, Nov.–März Mo–Fr 10.30–13.30, 15–17, Sa, So 10.30–17 Uhr), das in den bis zum Ende des 20. Jh. bewohnten Palast der Barone von Zapata untergebracht ist. Der Land-sitz, ein schönes Beispiel sardischer Pro-fanarchitektur des 16./17. Jh., wurde über dem Nuraghen Nurax'e Cresia (1200–1000 v. Chr.) erbaut, dessen Überreste in-zwischen freigelegt und von Panzerglas-brücken aus zu betrachten sind. Ferner beherbergt der Palast das historische Ar-chiv Baruminis und eine kleine volks-kundliche Ausstellung, die u. a. eine Sammlung von *Launeddas*, den sar-dischen Schäferpfeifen, zeigt.

TOP TIPP Nur 1 km westlich des Zentrums breitet sich **Su Nuraxi** (Tel. 07 09 36 81 28, nur im Rahmen von Führungen alle 30 Min. April, Mai, Aug. tgl. 9–19, Juni, Juli tgl. 9–19.30, Sept. tgl. 9–18.30, Okt. tgl. 9–17.30, März, Nov. tgl. 9–16.30, Dez.–Febr. tgl. 9–16 Uhr), die größ-te Nuraghensiedlung Sardiniens aus. Um

einen im 2. Jt. v. Chr. errichteten Festungs-turm entstanden eine Burg und das Dorf. Die verschiedenen, einander teilweise wie ein Flickenteppich überlagernden Grundmauern stammen aus verschiede-nen Siedlungsphasen. Die letzten Bau-maßnahmen erfolgten vermutlich 650 v. Chr. Das gesamte, knapp 1000 m² große Areal wurde 1951–56 ausgegraben und gehört seit 1997 zum UNESCO Weltkultur-erbe [s. S. 40].

Beeindruckende Einblicke in das Innere des megalithischen Turmbaus von Su Nuraxi

Auf den Spuren von Sardiniens Frühgeschichte wandeln Besucher in Su Nuraxi

Nuraghen – frühe Sarden und ihre Steintürme

Wehrhafte Burgen, Grabbauten oder Kultstätten – die Nuraghen (Turmbauten) der frühen Sarden konnten unterschiedliche Funktionen haben. Allen gemeinsam ist jedoch ein zentraler Turm aus Trockenmauerwerk, um den im Laufe der Jahrhunderte weitere Gebäude errichtet wurden. Diese Entwicklung lässt sich besonders gut an der 1997 zum UNESCO Weltkulturerbe ernannten Nuraghen-Festung **Su Nuraxi** [Nr. 12] bei Barumini nachvollziehen: Ursprünglich, um 1460 v. Chr., stand auf einer leichten Erhebung in der Ebene nur ein dreistöckiger, sich verjüngender **Rundturm [A]** aus massigen Basaltblöcken. Seine Basis besitzt einen Durchmesser von 10 m, und die Höhe betrug wohl einmal 20 m.

Doch das obere Stockwerk des Turmes stürzte ein und deshalb ragt er heute nur noch 14 m hoch in den Himmel. Das genügt, um von der über Treppen und Leitern erreichbaren Spitze einen Überblick über die Anlage zu gewinnen.

Ringsum wurde im 13./12. Jh. v. Chr. eine einstöckige, 14 m hohe **Bastion [B]** mit vier runden Ecktürmen errichtet. Ihre Mauern umschlossen den alten Mittelturm und einen 56 m² großen Innenhof mit **Brunnen [C]**, der die Festung im Fall von Angriffen für längere Zeit mit dem lebenswichtigen Wasser versorgte. Die sieben Nebentürme mit ihren zahlreichen Schießscharten erreicht man heute wie damals über den Innenhof und durch enge Korridore.

Ausflüge

Rund um Barumini gibt es zahlreiche interessante Ausflugsziele: Ein Paradies für Naturfreunde ist die **Giara di Gesturi** (Zufahrt an der SS 197 ausgeschildert, www.giaradigesturi.it, tgl. ca. 7 Uhr bis Sonnenuntergang), ein 12 km langes, 4 km breites und 530–609 m hohes Basaltplateau nördlich des Dorfs. Die kräuterduftende Hochebene steht unter Naturschutz und ist die Heimat von Stieren, Schweinen, Schafen und den kleinen schwarzen **Wildpferden** (*Cavallini della Giara*). Vom Besuchereingang spaziert

man auf einem Pfad nach rechts durch dichten Stein- und Korkeichenwald. Nach etwa einer halben Stunde erreicht man eine Wasserstelle – hier sind die Chancen, die scheuen Pferdchen zu Gesicht zu bekommen, am größten.

4 km südlich von Barumini ragt der Kegelberg **Las Plassas** (274 m) auf. Mehrere Wanderwege führen in 30–60 Min. auf seinen von der Ruine des Castello di Marmilla bekrönten Gipfel.

Über kleine Landstraßen gelangt man in das verschlafene **Villanovaferru** (ca. 25 km südwestlich von Barumini). An sei-

In einer dritten Bauphase verstärkten die Nuragher ihre Festung und umgaben sie mit einem Vorwerk. Diese 10 m hohe **Polygonale Mauer [D]** besaß sieben kleinere Rundtürme mit hoch liegenden Eingängen, die nur mit Hilfe von Leitern erreicht werden konnten.

Im Schutz der Burg errichteten ab 1000 v. Chr. nuraghische Bauern dicht an dicht strohgedeckte, fensterlose **Steinhütten [E]**. Eine Großfamilie bewohnte 6–7 runde, um einen Innenhof angeordnete Hütten, die teilweise mit Backofen, Mühlstein oder Mörser ausgestattet waren. In der **Versammlungshütte [F]** mit einer umlaufenden Steinbank hielten wohl die Ältesten des Dorfes ihre Ratsversammlungen ab. Welchen Zweck dabei die Miniatur des Nuraghen-Hauptturms in der Mitte des Raumes hatte, ist eines der vielen Rätsel um die frühen Bewohner Sardiniens.

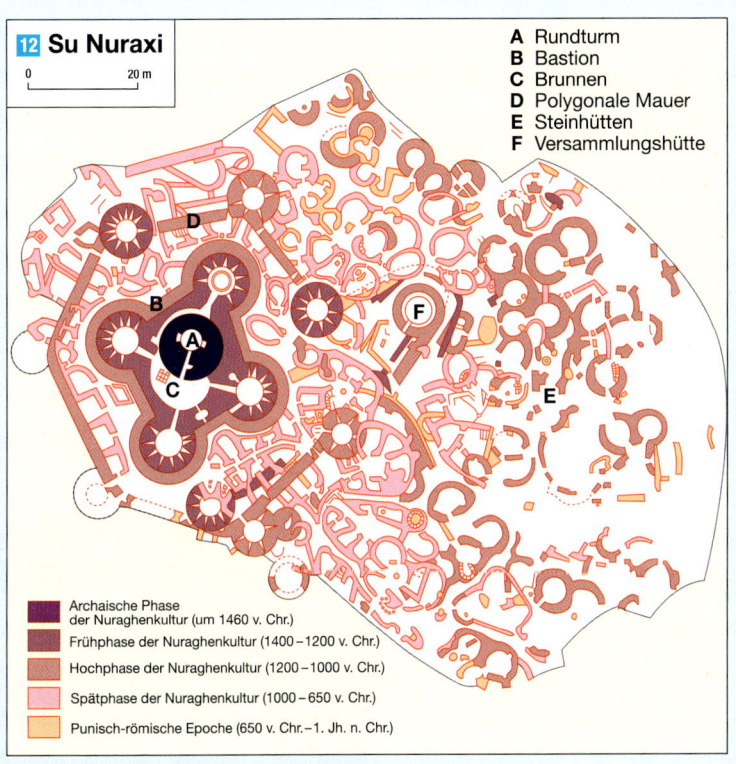

12 Su Nuraxi

0   20 m

A Rundturm
B Bastion
C Brunnen
D Polygonale Mauer
E Steinhütten
F Versammlungshütte

Archaische Phase der Nuraghenkultur (um 1460 v. Chr.)
Frühphase der Nuraghenkultur (1400–1200 v. Chr.)
Hochphase der Nuraghenkultur (1200–1000 v. Chr.)
Spätphase der Nuraghenkultur (1000–650 v. Chr.)
Punisch-römische Epoche (650 v. Chr.–1. Jh. n. Chr.)

nem Westrand, umgeben von dichtem Steineichenwald, finden sich die Überreste der nuraghischen Siedlung **Genna Maria** (Di–So 9.30–13, 15.30-18.30 Uhr). Der Nuraghe selbst ist nicht gut erhalten, doch der Blick auf den Golfo di Oristano im Westen und den Golfo degli Angeli im Süden ist überwältigend. Auch die archäologischen Funde, die hier gemacht wurden, sind beachtlich: Hunderte von nuraghischen, griechisch-hellenistischen und römischen Keramiken und Bronzetti, allein 650 Öllämpchen u. v. m. können im **Museo Civico** (Piazza Costituzione 1, Tel.

07 09 30 00 50, Di–So 9.30–13, 15.30-18.30 Uhr) im Dorfzentrum bestaunt werden.

ℹ **Praktische Hinweise**

Hotel

*Minihotel Casa Muredda, Vico San Sebastiano, Villanovaferru, Tel. 07 09 33 11 42, www.samuredda.it. Kleines gemütliches Hotel mit nur 4 Zimmern mitten im Dorf. Schöner Garten. Auf Vorbestellung bereitet der Besitzer köstliche Mahlzeiten mit Produkten aus eigenem Anbau zu.

Oristano und der Westen – Tummelplatz der Völker

Zahlreiche Siedler und Eroberer sah der Westen Sardiniens im Laufe der Jahrtausende. Westlich der sympathischen, recht geruhsamen Provinzhauptstadt **Oristano** am gleichnamigen Golf bilden die weitläufigen Ausgrabungen der phönizisch-punisch-römischen Siedlung von **Tharros** einen archäologischen, die Strände der **Penisola di Sinis** einen landschaftlichen Höhepunkt. Das gut erhaltene Brunnenheiligtum bei **Santa Cristina** weiter südöstlich, an dem heute christliche Pilger beten, diente bereits den Nuraghern vor 4000 Jahren als Kultstätte. Von besonderem Zauber ist das mittelalterliche Städtchen **Bosa** am Unterlauf des Temo. Landschaftlich außerordentlich reizvoll ist die kurvenreiche Fahrt von hier durch das waldreiche Bergland von **Santu Lussurgiu** in das ebenso pittoreske Cuglieri. Rings um **Macomer** stehen zahlreiche gut erhaltene vor- und frühgeschichtliche Festungstürme, daneben wunderschöne romanische Kirchen und Domus de Janas, Feenhäuser, wie die prähistorischen Höhlengräber poetisch genannt werden.

13 Oristano

Bekannt für seine Richterin Eleonora von Arborea und den wundervollen Hausstrand.

Oristano (32 000 Einw.), Hauptstadt der gleichnamigen Provinz, gilt als Landwirtschaftszentrum Sardiniens. Fast alle Zitronen und Orangen der Insel stammen aus dieser Gegend, ebenso Artischocken, Mandeln und Bergamotten. Die hiesige Zuckerrübenverarbeitung deckt den gesamten Zuckerbedarf Sardiniens. Trotz ausgedehnter Neubauviertel macht die Handels- und Bischofsstadt einen properen Eindruck und lockt mit guten Einkaufsmöglichkeiten, vor allem in der großzügigen Fußgängerzone.

Geschichte Die Stadt nördlich der fischreichen Lagune, *Stagno di Santa Giusta*, wurde 1070 als *Aristanis* gegründet. Damals verlegte der Richter Onroccus d'Arborea den Sitz des **Judikats Arborea** vom küstennahen Tharros an den geschützteren Platz im Landesinneren. Die

Die Statue der Richterin Eleonora d'Arborea ist ein beliebtes Fotomotiv in Oristano

Mitglieder der Richterfamilie regierten das sardische Kleinkönigreich mehrere Jahrhunderte lang. Zu voller Blüte führte es die kluge **Eleonora d'Arborea**, die 1383 das Richteramt und 1388 das Judikat übernahm und bis zu ihrem Tod 1404 innehatte. Noch bis 1827 blieb das von ihr 1392 verfasste Gesetzeswerk **Carta de Logu** in Kraft, das als erster schriftlich niedergelegter Kodex Sardiniens Rechtssicherheit schuf. Ihre Nachfolger waren allerdings weniger erfolgreich und zur Zeit der Piemonteser zu Beginn des 18. Jh. war das frühere Judikat Arborea völlig verarmt und heruntergekommen. Erst nachdem 1946–49 die sumpfigen Niederungen im Süden der Bucht von Oristano trockengelegt worden waren, erwachte die Stadt zu neuem Leben. Als wirtschaftlicher Erfolg erwies sich auch der erst in den 1980er-Jahren angelegte **Industriehafen** 5 km südwestlich von Oristano.

Die Altstadt

Oristano ist eine gemütliche Provinzhauptstadt, wer mit dem Auto anreist, muss sich allerdings auf starken Verkehr und schlechte Beschilderung gefasst machen. Kommt man auf der SS 131 von Süden, folgt man am besten dem leicht erkennbaren Stadtring nach Norden zur **Piazza Roma** ❶, wo es in Seitenstraßen Parkmöglichkeiten gibt. Der Platz am Rande der kleinen, schmucken Altstadt wird er durch die hoch aufragende **Torre Mariano II** markiert. Die Bewohner Oristanos nennen den mächtigen Wachturm, der 1291 als Teil der Stadtmauer erbaut wurde, einfach *Porta Manna*, das große Tor. Passiert man seinen hohen gotischen Spitzbogen, so gelangt man auf den **Corso Umberto I** ❷, Beginn der beschaulichen Fußgängerzone von Oristano, deren schattige Arkaden und modische Boutiquen zu einem Einkaufsbummel einladen. Die Geschäftszeile mündet in die freundliche **Piazza Eleonora d'Arborea** ❸, sozusagen das Herz der Stadt. Der längliche Platz ist mit Palmen geschmückt, rundum zieren ihn größtenteils barocke Fassaden. Am östlichen Rand erweist das weiße **Monumento di Eleonora d'Arborea** aus dem 19. Jh. der sardischen Nationalheldin Referenz. Selbstbewusst steht die verehrte Richterin auf einem übermannshohen, von vier Löwen

Starke Frau: Eleonora d'Arborea wird auf Sardinien wie eine Nationalheilige verehrt

Politik in Frauenhand

Es war 1383 nicht üblich, weibliche Richter einzusetzen. **Eleonora d'Arborea** (1340–1404) übernahm dieses erbliche Amt sowie 1388 die Führung des Judikats Arborea ursprünglich auch nur als Vormund ihres minderjährigen Sohnes. Sie war die Tochter des mächtigen sardischen Richters Mariano IV. und der Timbora di Roccaberti. Wie ihr Vater paktierte auch Eleonora mit den Genuesen gegen die Katalanen auf Sardini-en. Aus politischen Gründen ehelichte sie Brancaleone Doria, dessen Familie Genua lange Zeit regieren sollte. Dank Eleonoras geschickter Regentschaft hatte das Judikat Arborea wenig unter den mächtig gewordenen Aragonesen zu leiden, und bis heute wird die willensstarke Diplomatin wie eine **Nationalheilige** verehrt, nicht nur in Oristano.

Allgemeine und über ihren Tod hinaus reichende Anerkennung verschaffte sich Eleonora mit ihrem 1392 erlassenen, auf sardische Belange zugeschnittenen Gesetzbuch **Carta de Logu**. Mit diesem vorausblickenden Werk führte die Landesmutter ein einklagbares Zivilrecht ein, verbot die Folter zum Zweck der Wahrheitsfindung und räumte den Frauen auch offiziell Rechte innerhalb der Ehe ein.

In der Person der Eleonora d'Arborea bündelten sich die sardischen **Unabhängigkeitsbestrebungen** gegen die katalanischen Eroberer. Als die Hoffnungsträgerin der Sarden 1404 an der Pest starb, fand sich niemand, der diese Aufgabe hätte übernehmen können. 1410 endete das Judikat Arborea und Sardinien wurde für mehr als 400 Jahre Teil des Königreichs Spanien. Das politische und soziale **Vermächtnis** der Eleonora d'Arborea jedoch lebte bis in die Neuzeit fort: Bis 1827 behielt die Carta de Logu ihre Gültigkeit.

---

bewachten Sockel, den rechten Zeigefinger mahnend erhoben. An der Nordseite des Platzes erhebt sich der **Palazzo Comunale**. Das Rathaus nutzt den klassizistischen *Palazzo degli Scolopi* (Palast der Piaristen), der im 17. Jh. eigentlich als Kloster mit Kirche auf ovalem Grund erbaut wurde.

Im Westen geht die Piazza Eleonora in die Via Duomo über, an der auch der 1838 klassizistisch erneuerte Zentralbau der Chiesa **San Francesco** ❹ (Mo–Sa 8–12, 17–19, So 8–12 Uhr) liegt. Er bildet zusammen mit der Kathedrale im Süden, einem Priesterseminar sowie dem Bischofspalast das sakrale Zentrum der Stadt. Großartig ist in der ansonsten recht schmucklosen Kirche das *Nikodemus-Kruzifix*, das ein unbekannter katalanischer Meister wohl Ende des 14. Jh. schuf. Schwer hängt die Christusfigur am Kreuz und wirkt durch ihr schmerzverzerrtes Gesicht außerordentlich eindringlich.

Sozusagen auf der Rückseite von San Francesco erhebt sich auf der Piazza Duomo die sandfarben verputzte Fassade der **Cattedrale Santa Maria Assunta** ❺ (Mo–Sa 7–12, 16–19, So 8–13 Uhr). Aus der Entstehungszeit der kuppelgekrönten Kirche im 14. Jh. ist wenig erhalten, denn sie wurde um 1733 weitgehend barockisiert. Damals entstand auch der obere Teil des achteckigen *Campanile*, weshalb seine glasierte Zwiebelhaube und die Masken aus rotem Trachyt darunter etwas deplatziert wirken. Um 1830 wurde das Querschiff neoklassizistisch umgestaltet. Schmuckstück im Inneren des Gotteshauses ist in der ersten Kapelle rechts eine etwa 1,5 m hohe, farbig gefasste sehr anmutige Holzstatue der *Maria Annunziata* (14. Jh.). Die Verkündigungsmadonna wird dem Toskaner Nino Pisano zugeschrieben. Von der Barockisierung verschont blieb die *Cappella del Remedio* rechts vom Chor, am ho-

Delcomar

ESTRATTO DELLE CONDIZIONI DI TRASPORTO

- Il presente biglietto è sempre valido per le linee sociali compatibilmente con la disponibilità di spazio:

- Il mancato utilizzo non da diritto a rimborso:

- Il presente biglietto deve essere conservato per l'intera durata del viaggio ed esibito a richiesta del personale incaricato:

- Il passeggero che ne risulti sprovvisto o che fruisca di una facilitazione tariffaria senza avere titolo, è tenuto al pagamento di un ulteriore biglietto a tariffa ordinaria maggiorata del 200%

SI PREGA PRESENTARSI ALL'IMBARCO COL DOCUMENTO COMPROVANTE IL DIRITTO ALLA RIDUZIONE.

Delcomar s.r.l.

Sede: Piazza del Carmine, 22 - 09124 Cagliari (CA)
C.C.I.A.A. SS 83384 - C.F. e P. IVA 01217940905 -

Delcomar
Compagnia di Navigazione

Member of CISQ Federation
RINA
ISO 9001:2000
Certified Quality System

— Per informazioni e prenotazioni auto —

tel. **0781 857123** • cell. **345 3683626** • cell. **348 5402333**

Nr. Bigl 10293

30/09/2013 12.36

Biglietto di: ANDATA E RITORNO

TRATTA:	**PALAU-LA MADDALENA**	
Corsa di andata:	**30/09/2013**	**12:45**
Corsa di ritorno:	**Open**	

Ricevuta Fiscale Nr.   **8929/BR91**

2 PASSEGGERI-LMD	ORD.PAX-LMD	20,00
2 TASSAISOLE	Imposta di sbarco comune di La Maddalena	2,00
1 AUTO-LMD	ORD.CL.B < 4.00 MT-LMD	15,00
	Totale	**37,00**

COPIA PER IL PASSEGGERO

Delcomar

hen Kreuzrippengewölbe deutlich als gotisch zu erkennen. Unter den Kostbarkeiten der Steinmetzkunst sind die beiden marmornen Chorschranken, die wohl um 1400 in Oristano geschaffen wurden, besonders erwähnenswert. Sie zeigen je drei Reliefbilder, u. a. hinten in romanischem Stil die Szenen ›Daniel in der Löwengrube‹ und ›Zwei Löwen reißen Hirschkälber‹.

Jedes Jahr an Fasching werden Piazza Duomo und Via Mazzini zum Schauplatz der **Sartiglia.** Im Rahmen dieses wilden Reiterfests stellen die besten Reiter der ganzen Insel ihr Können unter Beweis.

Zurück über die Piazza Eleonora gelangt man nordwärts zur netten Piazza Giovanni Corrias, an der sich in einem klassizistischen Stadtpalast das **Antiquarium Arborense** ⑥ (Tel. 07 83 79 12 62, www.antiquariumar borense.it, Juli, Aug. Mo–Fr 9–14.30, 17–22, Sa 9–14, 17–22, So 15–20, Sept.–Juni Mo–Fr 9–20, Sa 9–14, 15–20, So 15–20 Uhr) als didaktisch hervorragend aufgebautes Kleinod der sardischen Museumslandschaft präsentiert. Auch Wechselausstellungen finden in dem Komplex statt, doch im Mittelpunkt steht die reiche *Archäologische Sammlung* mit Funden aus Oristano und von der Halbinsel Sinis. Dazu gehören *Bronzetti,* z. B. Votivschiffchen mit Hirschkopf oder kleine Tierfiguren, Tongefäße aus der Nuraghenzeit, byzantinische Fibeln und Lanzenspitzen sowie römische Vasen. Interessant ist auch das Modell des antiken Tharros [s. S. 47], eine

Der Campanile der Cattedrale Santa Maria Assunta wird von einer Zwiebelhaube bekrönt

Rekonstruktion nach Ausgrabungsergebnissen, Felder, Aquädukt und Hafen inbegriffen. Von dieser Ausgrabungsstätte sind auch ca. 30 cm hohe gläserne Henkelfläschchen ausgestellt. Fein gearbeiteter Metallschmuck aus Cabras rundet das Bild ab.

Spektakuläre Reitmanöver erleben Besucher während der alljährlichen Sartiglia

Eine stillende Madonna zeigt das Retablo San Martino im Antiquarium Arborense

Die kühl temperierte *Sala Retabli* kann als Schatzkammer Oristanos gelten, birgt sie doch die kostbarsten Gemälde aus Kirchen der Stadt. Aus San Francesco etwa stammen Pietro Cavaros Predella mit fünf Heiligen und Engeln sowie vier Tafelbilder mit je zwei Heiligen, jeweils 1533 gemalt. Ein anonymer katalanischer Meister des 15. Jh. schuf das Retablo *San Martino* aus der heutigen Sala del Consiglio, dem Ratsherrensaal des Rathauses. Es zeigt links eine anmutige Madonna und rechts den berittenen hl. Martin, der gerade seinen Mantel teilt.

Am Ufer der Lagune

Ein Bummel durch die malerischen engen Gassen nach Osten führt zu Resten der Stadtmauer am Altstadtrand nahe der Piazza Mariano, der **Torre Portixedda** ➐ (Di–So 10–12, 16–18 Uhr). Das Gemäuer des gedrungenen Turms wächst aus einem mächtigen Steinsockel empor. Darin öffnen sich drei Schießscharten, in der Form großen Schlüsseln ähnlich.

Die Chiesa **Santa Giusta** ➑ im gleichnamigen südlichen Vorort thront auf einem Hügel am *Stagno* und gilt als eines der schönsten Beispiele sardisch-romanischer Architektur. Von pisanischem Einfluss zeugt die deutliche Dreiteiligkeit der um 1140 entstandenen Basilika sowie die klare Gliederung durch stark betonte Lisenen und Rundbogenfriese. Eher lombardisch ist die starke Erhöhung des Chorraumes, der Platz ließ für eine hohe Krypta, die durch kleine Fenster im unteren Bereich der Apsis Licht erhält. Die Säulen der Krypta und des Langhauses stammen z. T. aus dem nahen Tharros.

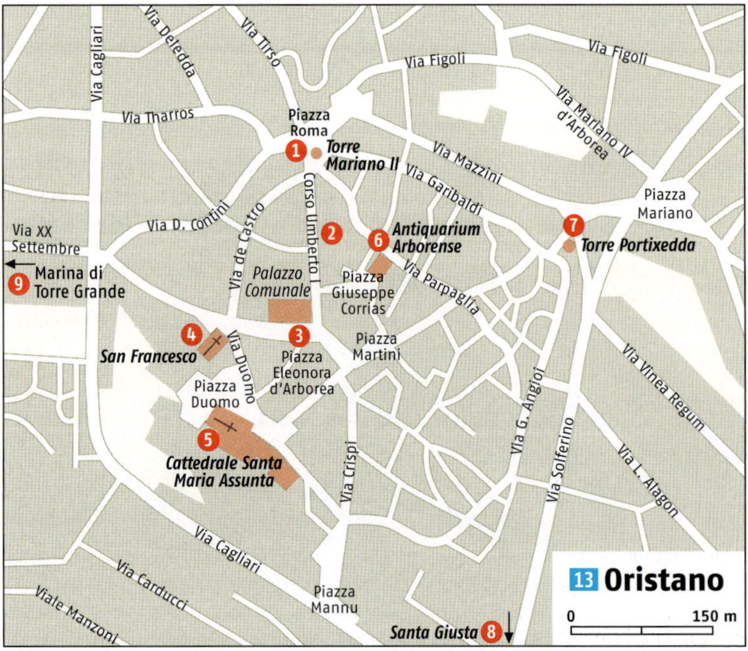

13 Oristano

0   150 m

➒ Marina di Torre Grande
➊ Torre Mariano II
➋
➌
➍ San Francesco
➎ Cattedrale Santa Maria Assunta
➏ Antiquarium Arborense
➐ Torre Portixedda
➑ Santa Giusta

6 km westlich des Stadtzentrums liegt der herrliche Sandstrand von **Marina di Torre Grande** 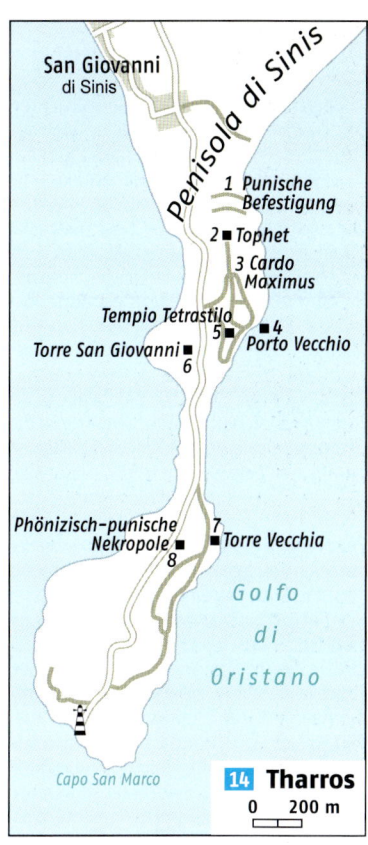, benannt nach dem wuchtigen Turm am Meeresufer, der *Torre Grande*. Hierher kommt man zum Schwimmen und Flanieren, man genießt den Sonnenuntergang und die gute Fischküche der Restaurants am Strandboulevard. Von den gemütlichen Lokalen schweift das Auge über den ruhigen *Golfo di Oristano*. Im Norden sieht man die flachen Wasser des 23 km² großen *Stagno di Cabras*, im Westen schiebt sich die Halbinsel *Sinis* ins Blickfeld.

ℹ Praktische Hinweise

Information
EPT, Piazza E. d'Arborea 19, Oristano, Tel. 0783 3683 1, www.inforistano.it

Bahn
Stazione FS, Piazza Ungheria 10, Oristano, Tel. 89 20 21 (nur in Italien, gebührenfrei), www.fsitaliane.it

Bus
Busbahnhof, Via Cagliari, Oristano. Von hier fahren Busser der ARST zu allen größeren Orten der Insel. Busse der FdS starten an der Via Lombardia 30.

Hotels
****Mistral 2**, Via XX Settembre 34, Oristano, Tel. 0783 21 03 89, www.hotelmistral.it. Paradehaus der Stadt mit 132 Zimmern und Pool.

***Villa delle Rose**, Piazza Italia 5, Oristano, Tel. 0783 31 01 01, www.hotelvilladellerose.com. Freundliches Stadthotel, nur 2 Minuten vom historischen Zentrum.

Restaurants
Die meisten Restaurants Oristanos bleiben So geschlossen, nicht jedoch die an der Strandpromenade in Marina di Torre Grande.

Da Giovanni, Via Colombo 8, Torregrande, Tel. 078 32 20 51, www.ristorantedagiovanni.com. Angenehmes Fischrestaurant mit gutem Preisleistungsverhältnis.

Il Faro, Via Bellini 25, Oristano, Tel. 0783 70 00 02. Kleines, besonders abends teures Restaurant mit feiner sardischer Küche und hervorragender Weinauswahl (So geschl.).

La Forchetta d'Oro, Via Giovanni XXIII, Oristano, Tel. 0783 73 61 10. Preiswertes Lokal mit einheimischen Gerichten.

14 Tharros

0   200 m

14 Penisola di Sinis

Vogelparadies mit tollen Stränden und bedeutender Ruinenstätte.

Westlich von Oristano liegt die 20 km lange, zum Teil unter Naturschutz stehende Halbinsel Sinis wie eine Nehrung vor der Küste. Die Landschaft ist karg und von mehreren Binnenseen durchzogen – Refugien für zahlreiche Vögel, darunter auch Tausende Flamingos. Menschen zieht es vor allem an die Küste mit dem sanft ins Meer abfallenden Dünenstrand **Mari Ermi** und dem strahlend weißen Quarzstrand **Is Arutas**.

Tharros

Im Süden verengt sich Sinis abrupt und endet nach etwa 2,5 km am leuchtturmbewehrten **Capo San Marco**. Auf diesem Ausläufer liegt die bedeutende Ruinenstätte *Tharros* (Tel. 0783 37 00 19, www.penisoladelsinis.it, Juli/Aug. tgl. 9–19, Sept.–Juni tgl. 9–17 Uhr).

Tempelsäulen und Mauerreste erinnern in Tharros an die phönizische Vergangenheit

Fischreiche Lagunen, Meeresbuchten als natürliche Ankerplätze sowie das fruchtbare Hinterland machten die Halbinsel schon für die **Nuragher** attraktiv, die von hier aus Seehandel trieben, wie Funde zyprisch-mykenischer Keramikstücke (12./11. Jh. v. Chr.) beweisen. Ab dem 8. Jh. v. Chr. entstand an der äußersten Südspitze eine **phönizische Handelsniederlassung**. In der Mitte ihrer Siedlung lag eine Akropolis, an der Westküste ein Tempel und auf der Anhöhe an der gegenüberliegenden Ostküste eine Nekropole. Ihren Tophet (Opferstätte) errichteten die Phönizier auf einem Hügel im Norden. In **punischer Zeit** (6./5. Jh. v. Chr.) hatte sich der Ort Tharros etwas nach Norden verschoben und war zu einer bedeutenden Hafen- und Handelsstadt herangewachsen. Das belegen die 120 m lange Mole aus großen Quadersteinen im klaren Wasser vor der Ostküste sowie neben kunstfertigen Gold- und Silberarbeiten auch zahlreiche Keramikfunde aus dem gesamten Mittelmeerraum. 215 v. Chr. siegten die **Römer** in einer blutigen Schlacht über die Punier von Tharros. Die Stadt wurde im römischen Sinne umgestaltet, erhielt akkurat ausgerichtete, mit schwarzen Basaltplatten gepflasterte Straßen, Wasserleitungen und eine Kanalisation. Bis zur späten Kaiserzeit erblühte Tharros. Dann begann der langsame Niedergang. Im 11. Jh. schließlich musste die Stadt aufgrund der vielen Sarazenenüberfälle notgedrungen aufgegeben werden.

So beeindruckend die Anlage heute noch ist, litt Tharros doch darunter, dass bereits die Menschen des Mittelalters es als **Steinbruch** benutzten. In die Cattedrale Santa Giusta [s. S. 46] südlich von Oristano wurden beispielsweise einige der römischen Kapitelle eingebaut. Was an bedeutsamem Mauerwerk im 19. Jh. noch stand, transportierte der englische

Ein romanisches Taufbecken ziert den kargen Innenraum von San Giovanni di Sinis

Sammler *Lord Vernon* nach London ins British Museum ab. Er hatte auf Sinis 1851 erstmals den Spaten für Grabungen angesetzt. Arme Lagunenfischer plünderten die Nekropole, verkauften die wertvollen **Grabbeigaben** aus Gold und Silber oder schmolzen sie ein. Außer den zahlreichen Urnen des Tophet blieben nur wenige Stücke erhalten, darunter ein phönizisches Armband aus dem 7./6. Jh. v. Chr. im ägyptischen Stil mit der Figur des Horus, das in Cagliaris Museo Archeologico Nazionale [s. S. 24] zu sehen ist.

Im Sommer säumen eng stehende Souvenirbuden das kurze Wegstück vom ausgewiesenen Parkplatz bis zum Eingang des eingezäunten Tharros. Noch außerhalb des ausgedehnten, leicht ansteigenden Grabungsareals liegen links der Zufahrtsstraße Reste der **Punischen Befestigung** [1] aus großen behauenen Sandsteinblöcken. Auf einem kleinen Hügel südlich befindet sich das **Tophet** [2]. Zu seinen Füßen beginnt die dunkelsteinige römische Straße, der **Cardo Maximus** [3], an dem Wasserleitungen und Abwasserkanäle zu erkennen sind. Er führt vorbei an den teilweise im Golfo di Oristano versunkenen Anlagen des **Porto Vecchio** [4], des alte Hafens, und endet

vor den Resten des **Tempio Tetrastilo** [5], auch Area delle Colonne genannt, aus dem 4. Jh. v. Chr. Dessen Basis wurde aus Fels gemeißelt, die zwei (von vier) noch erhaltenen kannelierten dorischen Säulen wirken überaus wuchtig. Ebenfalls am Meer liegen auch die noch in großen Teilen erhaltenen Thermen.

Im Westen erhebt sich auf einem Hügel die mächtige runde **Torre San Giovanni** [6], ein im 17. Jh. errichteter Wehrturm, von dem man einen guten Überblick über die gesamte Anlage von Tharros hat. Südlich davon verengt sich die Halbinsel zu einem ca. 100 m breiten Isthmus. Unmittelbar hinter dem Engpass liegen an der Ostküste nahe des zweiten Sarazenenturms namens **Torre Vecchia** [7] Steine der phönizisch-punischen Hafenanlagen. Etwas mehr als 100 m landeinwärts befand sich die **Phönizisch-punische Nekropole** [8].

San Giovanni di Sinis

Kurz vor dem Grabungsgelände von Tharros kann man tagsüber die kleine Kuppelkirche San Giovanni di Sinis links an der Zufahrtsstraße besichtigen. Das in mehreren Epochen entstandene Gotteshaus hat etwas Rührendes an sich, was vielleicht an den drei niedrigen, von Tonnengewölben überfangenen Schiffen liegt. Durch ein schlichtes Portal betritt man den *Innenraum*. Eine steinerne Vierungskuppel überwölbt den ältesten Teil (5./6. Jh.) der kargen Kirche. Ihr Hauptschiff stützte sich einst auf wuchtige Mauern, die im 10./11. Jh. durchbrochen wurden, als man mit Steinen aus dem nahen Tharros die tonnengewölbten Seitenschiffe hinzufügte. Erhellt wird die Kirche durch winzige Fenster in den dicken Stützwänden (11. Jh.) sowie eine oktogonale Lichtöffnung über dem Portal. Schönstes Ausstattungsstück ist ein romanisches Weihwasserbecken mit kunstvollen Steinmetzarbeiten.

Hinter der Kirche breiten sich weite Dünenstrände voller Wochenendhäuser und ansprechender Strandlokale aus.

San Salvatore

Ebenfalls auf der Sinis-Halbinsel liegt Richtung Putzu Idu inmitten von Gemüsefeldern der **Wallfahrtsort** San Salvatore. Er besteht im Wesentlichen aus Pilgerzellen und -häuschen, die inzwischen auch an Wochenenden und im Sommer als Zweitwohnsitz genutzt werden. Sie gruppieren sich um die recht gedrungene zweischiffige Kapelle **San Salvatore** (Mobil-Tel. 0347818 40 69, Mo–Sa 9.30–13, 15.30–18 Uhr) aus dem 18. Jh. Im Rahmen einer Restaurierung wurde 1976 ein unter dem Hauptschiff liegendes nuraghisches Brunnenheiligtum freigelegt, das man über eine Treppe vom linken Kirchenschiff aus betritt. Am Ende eines langen Ganges öffnet sich das eigentliche Heiligtum mit rundem Brunnenschacht und einfachem steinernen Altartisch. An den Wänden der Nebenräume sind noch einige schwarzgraue Zeichnungen erkennbar, darunter ein Wildpferd und drei byzantinisch anmutende Gestalten, zwei davon mit Kronen. Funde belegen, dass die heilige Stätte nicht nur von Nura-ghern sondern später auch von Puniern und Römern besucht wurde, die sich hier Heilung von Krankheit erhofften.

Noch heute finden am ersten Wochenende im September Wallfahrten nach San Salvatore statt. Dann bleibt keines der Häuschen leer, Süßigkeiten werden verkauft, Gegrilltes verbreitet einen unwiderstehlichen Duft. Zur Tradition gehört die **Corsa dei Scalzi**, der Lauf der Barfüßigen. Weiß gekleidete junge Männer bringen im Eilschritt eine Christusstatue aus der Pfarrkirche des 8 km entfernten Fischerdorfes **Cabras** nach San Salvatore und nach einer Messe wieder zurück. 1506 begründeten Frauen des Dorfes diese eilige Prozession. Damals wurde San Salvatore von Piraten bedroht.

i **Praktische Hinweise**

Einkaufen

Auf der Sinis-Halbinsel, vor allem im Fischerort Cabras, wird **Bottarga** angeboten, der ›Kaviar‹ der Meeräsche, eine wahre Gaumenfreude, meist kombiniert mit Muscheln und frischer Pasta!

Jedes Jahr findet der Lauf der Barfüßigen von Cabras nach San Salvatore statt

In der luxuriösen Thermenanlage von Fordongianus entspannten sich einst die Römer

Restaurants

Abraxas, Località San Salvatore, Mobil-Tel. 034 71 32 52 54. Einladende, holzgezimmerte Bar, im Sommer und an Wochenenden auch mit Mittagstisch.

Il Caminetto, Via Cesare Battisti 8, Cabras, Tel. 07 83 39 11 39. Köstliche Fisch-Antipasti, darunter auch die Spezialität Bottarga (s. S. 50, Mo geschl.).

15 Fordongianus

Römer, Byzantiner und Katalanen prägten den reizenden Wasserkurort.

Von Oristano aus ostwärts folgt die SS 388 dem Lauf des *Tirso*, Sardiniens längstem und wasserreichstem Fluss, der mehrfach gestaut wurde. Er durchfließt die Ebene des nördlichen *Campidano*, vorbei an Eukalyptuswäldchen, Weingärten und Getreidefeldern. Nach knapp 30 km verengt sich das Flusstal, die Straße windet sich nun zwischen steilen Felswänden aus rotem Trachyt aufwärts ins Bergland der *Barbagia*. Es fällt auf, wie sehr in den Dörfern dieser Gegend auf die Erhaltung der vielfältigen *Dialekte*

Wert gelegt wird. Im Dörfchen Ula Tirso etwa begrüßt man sich mit einem freundlichen *Bené Enidos*, und Auf Wiedersehen heißt *Adiosu*.

An den westlichen Ausläufern der Barbagia liegt das beschauliche Städtchen **Fordongianus**, das von seiner Geschichte kaum Aufhebens macht. Dabei besitzt es aus seiner Zeit als römisches Militärlager *Forum Traiani* (1. Jh. v. Chr.) mit den **Terme Romane** (Tel. 07 83 60 51 57, www.forumtraiani.it, im Sommer tgl. 9.30–13, 15–19, im Winter tgl. 9.30–13, 14.30–17.30 Uhr) unmittelbar am Fluss eine ausgedehnte, geradezu luxuriöse Thermenanlage. Dazu gehören sieben fast vollständig erhaltene bzw. rekonstruierte Becken des *Caldariums* (Warmbad) mit noch sichtbaren Ansätzen eines einstigen Tonnengewölbes darüber und die beiden Becken des *Frigidariums* für Kaltwasser. Gut erhalten sind auch ein überdachter Wandelgang, tönerne Wasserleitungen und Brunnen. In einem der weiteren Räume sind Freskenreste erhalten, auf denen zwei Pferde im Galopp zu erkennen sind. Noch heute sprudelt aus einer Quelle unter den römischen Thermen 56 °C heißes Wasser. Ein Stück flussabwärts beträgt die Wassertemperatur in der, in ein modernes Grand Hotel eingegliederten, aber auch für Tagesbesucher zugänglichen **Terme Sardegna** (Tel. 0783650 16, www.termesardegna.it, tgl. 9–19 Uhr) mit Spa- und Wellnessangeboten immerhin noch zwischen 42 °C und 46 °C.

Im Ortszentrum sind interessante architektonische Zeugnisse aus aragonesischer Zeit erhalten, darunter die **Casa Madeddu** (Tel. 078360157, im Sommer Di–So 9.30–13, 15–19, im Winter Di–So 9.30–13, 14.30–17.30 Uhr, Kombiticket mit Terme Romane), auch *Casa Aragonese* genannt, aus dem 15./16. Jh. Ihre Vorhalle stützt sich auf sieben Säulen mit Seilornamenten und Blattkapitellen, in der Mitte öffnet sich ein Portal mit zweifach abgetrepptem Gewände, darüber ist ein Fries mit der Muschel des hl. Jakobus zu sehen. Die Fenster sind, typisch für die gotisch-katalanische Profanarchitektur der Zeit, nahezu quadratisch und ihre Umrahmungen weisen eine bemerkenswert feine Gestaltung auf.

Busachi

Eine kurvenreiche Straße führt 12 km von Fordongianus zum weit verzweigten Stausee des Tirso und schließlich nach Busachi (1400 Einw.), das sich ansehnlich an einen Hügel schmiegt. Im Ort, der einst sogar Hauptstadt des Barigadu war, legt man großen Wert auf Tradition. Kein Wunder also, dass man in der säkularisierten Kirche **San Domenico** (16. Jh.) das Trachtenmuseum **Museo del costume e della Tradizione del Lino** (Mobil-Tel.

034 02 607 197, Sa 16.30–19, So 10.30–12.30, 16.30–19 Uhr, sonst nach Vereinbarung) findet. Die Ausstellung im einschiffigen Kirchenraum sowie in der gotisch-katalanischen Kapelle widmet sich der Herstellung der prunkvollen sardischen Festtagsgewänder. Noch heute gibt es in Busachi Frauen, die solch kostbare Kleider in monatelanger Arbeit fertigen.

Berühmt ist der Ort auch für den *Succu*, hauchdünne, mit Safran gelb gefärbte Pasta, die in Fleischbrühe gekocht wird. Jedes Jahr Anfang September wird das Volksfest **Sagra del Succu** gefeiert, in dessen Verlauf man reichlich Gelegenheit hat, diese kulinarische Köstlichkeit zu probieren.

16 Santa Cristina

Nuraghisches Brunnenheiligtum inmitten eines Erholungsparks.

Ein unscheinbares Kirchlein aus dem 12. Jh. mit zugehörigen Pilgerhäusern (*Cumbessias*) gab der *Zona Archeologica di Santa Cristina* ihren Namen. Die archäologischen Ausgrabungen liegen unmittelbar an der Schnellstraße SS 131 Carlo Felice bei km 114 südlich von Paulilatino neben einem gepflegten **Erholungspark** mit Spazierwegen, Schaukeln und Picknickplatz. Die Anlage beschatten uralte **Olivenbäume**, die mit ihren knorrigen Stämmen und silbernem Blattwerk zur idyllischen, verträumten Atmosphäre dieses Ortes beitragen.

25 Stufen führen hinab in das Brunnenheiligtum Pozzo Sacro von Santa Cristina

In der Bar am Picknickplatz entrichten Besucher das Eintrittsgeld für den **Pozzo Sacro** (Tel. 078 55 54 38, im Sommer tgl. 9–13, 15–19.30, im Winter Di–So 15.30–17.30 Uhr), den Heiligen Brunnen, der um 1500–1200 v. Chr. angelegt wurde. Eine niedrige Mauer kennzeichnet die Brunnenanlage. Eine zweite, innere Mauer zeigt die Umrisse eines Trapezes und bildet damit den Grundriss des unter der Erde liegenden Heiligtums ab. 25 perfekt aus Sandstein geschlagene Stufen führen zwischen säuberlich aufgeschichteten Wandquadern abwärts. Die sorgfältig behauenen Steine wurden entlang des Zugangs treppenartig verschoben. Nach demselben Prinzip ist der kleine kreisförmige Raum unten mit einem sogenannten falschen Gewölbe überkuppelt, das in einer runden Lichtöffnung kulminiert. Durch diese fallen Sonnenstrahlen auf den ruhigen Wasserspiegel des Brunnens. Bei dem Heiligtum fand man neben nuraghischen auch phönizische Bronzestatuetten, des Weiteren punische Tonfigürchen und römische Räuchergefäße für den Demeterkult. Selbst heutige Besucher berührt die eigenartige Magie des Ortes.

Rund 100 m nördlich finden sich die Reste eines *Nuraghendorfes* aus derselben Zeit, zu erkennen sind noch die Grundmauern von einer Versammlungshütte und einem Wehrturm.

Besucher können das zweite Stockwerk des Nuraghen Losa erklimmen

Nuraghe Losa

Etwa 4 km nördlich von Paulilatino erhebt sich beim Dorf **Abbasanta** der 13 m hohe *Nuraghe Losa* (www.nuraghelosa. net, tgl. 9 Uhr bis eine Stunde vor Sonnenuntergang). Der Festungsturm gehört zu einer um 1000 v. Chr. erbauten Nuraghensiedlung und war ursprünglich dreistöckig angelegt. Das noch komplett erhaltene zweite Geschoss ist über eine Rampe erreichbar, der Zugang zum dritten, nur fragmentarisch erhaltenen, ist aus Sicherheitsgründen untersagt. Zwei niedrigere Nebentürme aus dem 8./7. Jh. v. Chr. sind ebenfalls nur teilweise erhalten. Das Kraggewölbe des rechten Turmes läuft oben fast spitz zu. Aus punischer Zeit (6. Jh. v. Chr.) stammen einzelne Vorbauten und zyklopische Ringmauern mit Wachnischen und Schießscharten sowie Dreiecksbastionen.

Ein kleiner *Ausstellungsraum* innerhalb der Anlage dokumentiert die Fülle der Nuraghendörfer und Nuraghenfestungen in dem Gebiet um Abbasanta. Außerdem wird Keramik mit geometrischen Gravuren aus dem Nuraghen Losa präsentiert. Eine nette Bar und ein Buchladen ergänzen das Angebot.

Rötlich leuchtet die Fassade der Pfarrkirche Santa Maria della Neve von Cuglieri im Abendlicht

17 Santu Lussurgiu

Das in Eichenwälder gebettete Dorf ist Ausgangspunkt für Ausflüge zu Mineralquellen und Landkirchen.

Umgeben von Weiden und den dichten Laubwäldern der Hochebene *Altopiano di Abbasanta* schmiegt sich der Handwerker- und Bauernort Santu Lussurgiu (2500 Einw.) an den östlichen Hang des erloschenen Vulkans *Monte Ferru* (1050 m). Hohe Kastanienbäume beschatten den hübschen Hauptplatz vor der Kirche **Santa Maria degli Angeli** (Ende 15. Jh.), deren wertvollstes Ausstattungsstück die anmutige Holzstatue einer Madonna mit Kind aus dem 16. Jh. ist.

Die engen, oft steilen Gassen von Santu Lussurgiu lohnen einen Bummel. Auf Voranmeldung kann man das volkskundliche **Museo della Tecnologia Contadina** (Via Deodato Melloni 2, Tel. 0783550617, www.museotecnologiacontadina.it) besichtigen und Einblick nehmen in die Lebens- und Arbeitswelt der hiesigen Bauern und Handwerker. Die Region ist bekannt für ihre Messerindustrie, die Handweberei und die Pferdezucht.

Ausflüge

4 km südlich von Santu Lussurgiu erhebt sich am Ortsrand von **Bonarcado** (1700 Einw.) die mächtige Pfarrkirche Santa Maria di Bonarcado (1146 geweiht, im 18. Jh. ausgebaut). Doch es ist das unscheinbare **Santuario di Bonaccattu** hinter ihrer Apsis, das jedes Jahr im September Hunderte von Pilger anzieht. Die winzige Kapelle, Schauplatz des ältesten Marien-

Stolz präsentiert der Sattelmacher von Santu Lussurgiu sein neuestes Werk

kults Sardiniens, wurde im 7./8. Jh. über den Resten eines römischen Brunnenheiligtums (2.–4. Jh.) errichtet, im 13. und 20. Jh. fanden Umbaumaßnahmen statt. In ihrem Inneren birgt sie ein als wundertätig verehrtes frühmittelalterliches Keramikbild der Madonna mit Kind.

Ein weiterer Ausflug führt sechs kurvige Kilometer gen Norden in die Berge zum beliebten Thermalkurort **San Leonardo de Siete Fuentes**. Eine breite, gepflasterte Allee mit hohen Akazien und uralten Birken leitet hinauf zu den sieben Quellen, die inmitten eines üppig grünen Waldes aus Eichen, Pappeln, Ulmen, Bergpinien und Zypressen sprudeln. Das frische Mineralwasser kann man sich kostenlos abfüllen und anschließend unter dem dichten Blätterdach ein Picknick abhalten.

Fährt man die kurvenreiche SP 19 von Santu Lussurgiu Richtung Nordwesten, taucht nach etwa 13 km rechter Hand die Ruine des **Castello di Monte Ferru** als Bekrönung eines steilen Felsens auf. Zu seinen Füßen breitet sich malerisch **Cuglieri** (3200 Einw.) auf 479 m Höhe aus. Das Städtchen etablierte sich im Mittelalter auf den Überresten des römischen Militärlagers *Gurulis Nova*. Damals suchten die Einwohner der sumpfigen Küste in der gesunden Bergluft Schutz vor der grassierenden Malaria. Noch heute ist der Ort mit seinen Häusern aus verschiedenfarbigem Vulkanstein eine beliebte Sommerfrische. Es lohnt sich, durch die steilen Gassen hinauf zur barocken Pfarrkirche **Santa Maria della Neve** mit ihrer silberglänzenden Kuppel und eindrucksvoller Doppelturmfassade zu steigen. Von ihrer Terrasse aus genießt man einen hinreißenden Blick über das dicht bewaldete Bergland.

Filu'e ferru – der hochprozentige Schnaps ist ein echter Rachenputzer

Stolz der Schwarzbrenner

Filu'e ferru nennen die Sarden ihren Tresterschnaps, italienisch **Grappa**. Filu'e ferru bedeutet Eisen- oder Stacheldraht, weil die Schnapsbrenner früher den heimlich gebrannten Hochprozentigen vergruben, um ihn vor der Finanzpolizei zu verstecken. Die Stelle markierten sie mit einem Stück Stacheldraht, damit sie den Branntwein nach entsprechender Lagerzeit wieder finden konnten. Heute lohnt sich das private Schnapsbrennen nicht mehr, doch für manche Sarden ist es ein beliebtes Hobby geblieben. Die Bauern von Santu Lussurgiu sind aber noch heute stolz auf ihren Ruf, den sie sich als gewitzte Schwarzbrenner erwarben. Und sie brennen den Trester noch immer besonders stark – mit mindestens 45 %, manchmal sogar bis 80 % Alkoholgehalt.

18 ## Bosa

Hübsches Städtchen mit Wallfahrtskirche, Kastell und Badestrand.

Am Ufer des Flusses Temo, überragt vom *Monte Badde Fae* (477 m), schmiegen sich die bunten Häuser von Bosa (8000 Einw.) in die Landschaftskulisse. Fischerboote in den traditionellen Farben Rot, Gelb und Indigoblau setzen zusätzliche Farbtupfer. Von Süden her gelangt man über die alte dreibogige Brücke aus rotem Trachyt direkt in die Altstadt, deren Gassen sich von der Unterstadt **Sa Piana** bis hinauf in die Oberstadt **Sa Costa** an den Hängen eines burgbekrönten Hügels ziehen.

ℹ Praktische Hinweise

Hotels

***Sa Mola**, Via Giardini, Bonarcado, Tel. 078 35 65 88, www.samola.it. Zauberhaftes Hotel in einem historischen Landgut mit sieben Zimmern im Herrenhaus und 13 Apartments in Anbauten. Im Restaurant werden schmackhafte sardische Gerichte serviert. Zusätzlich gibt es eine Pizzeria.

****Malica**, Via Macomer 5, San Leonardo de Siete Fuentes, Tel. 07 83 55 07 56. Familiäres Hotel mit Restaurant im Zentrum des kleinen Ortes.

Geschichte Gegenüber dem einstigen Römerlager *Bosa Vetus,* strategisch günstig auf einem Hügel am Nordufer des Flusses, erbauten die genuesischen Malaspina 1112 ihre mächtige Festung **Serravalle**. Zu ihren Füßen entwickelte sich das mittelalterliche Bosa in geschützter Lage am bis hierher schiffbaren Temo. Ihr heutiges Erscheinungsbild erhielt die Stadt allerdings hauptsächlich im 18. und 19. Jh., als Bosa einige Zeit lang Provinzhauptstadt war. Für Wohlstand sorgten die **Handwerker** und **Heimarbeiterinnen**, die sich auf Ledergerben, Sticken (*Filet di Bosa*) sowie auf die kunstvolle Verarbeitung von Korallen und die Herstellung von Schmuck spezialisiert hatten. Schon damals schätzte man auch den süffigen **Malvasia-Wein** aus der Gegend. Bis heute lebt Bosa von der landwirtschaftlichen Produktion, wie etwa Olivenöl, Feigen und Artischocken, von der Fischerei und nicht zuletzt vom Tourismus.

Unterstadt Sa Piana

Unmittelbar nördlich der alten Brücke erhebt sich in der Unterstadt die hohe weiße Fassade der einschiffigen **Cattedrale Maria Immacolata**. Ihre Anfänge gehen auf das 16. Jh. zurück, im 19. Jh. wurde sie zurückhaltend umgestaltet. Die Seitenkapellen der im Barock reich ausstaffierten Kirche besitzen kostbare Altäre, besonders die dreijochige *Herz-Jesu-Kapelle* rechts neben dem Eingang, die man von außen an der Kuppel erkennt.

Nach Westen dehnt sich die Unterstadt mit ihren gepflasterten Gassen aus, gesäumt von relativ hohen Bürgerhäusern. Sie besitzen tiefe **Weinkeller** für den hiesigen bernsteinfarbenen aromatischen Malvasia. In einigen Häusern, vor allem nahe des Temo, sind Probierstuben mit Kaufmöglichkeit eingerichtet. Parallel zum Flussufer verläuft der weite, schnurgerade **Corso Vittorio Emanuele**, der auch *Sa Piatta* genannte Salon der Stadt, mit seinen vornehmen Palazzi und einladend gestalteten kleinen Plätzen. An der Piazza IV Novembre, etwa in der Mitte des Corso, bietet die schmucke **Casa Deriu** (Tel. 07 85 37 70 43, tgl. 10–13, 16–18 Uhr) die Gelegenheit, einmal hinter die Fassade eines Bürgerpalais zu blicken. Neben den original ausgestatteten Räumen (um 1900) bekommt man hier auch Werke des in Bosa geborenen Malers und Kunsthandwerkers *Melkiorre Melis* (1889–1982) sowie interessante Wechselausstellungen zu sehen.

Den schönsten Blick auf Bosa mit seinem Castello genießt man am Ufer des Temo

13. Jh. von Pisanern, im 15. Jh. von Katalanen erweitert und ist heute eine der besterhaltenen Festungen Sardiniens. Imposant ragt die rechteckige, klobige *Torre Maestra*, der pisanische Turm von 1323, über der Westmauer auf. Fünfeckig und durch eingemauerte Lagen roten Steins geradezu leicht wirkt dagegen die etwas jüngere *Torre Aragonese* im Süden. Der größte Schatz der Anlage ist jedoch im Südosten die kleine Kirche **Nuestra Signora de ses Regnos Altos**. Im Inneren sind großartige *Fresken* (um 1345) mit Darstellungen des Letzten Abendmahls und mit Heiligenfiguren freigelegt worden, die wohl toskanische Künstler geschaffen haben. In ihrer aufrechten, geradezu steifen Haltung muten die Figuren noch byzantinisch an. Die Einwohner von Bosa kommen herauf, um die Statue der *Santissima Vergine di Regnos Altos* um Hilfe zu bitten. Die zartgesichtige Madonna trägt das Jesuskind auf dem Arm und ist mit großen Silberherzen am Bande behängt. Dabei handelt es sich um die Votivgaben dankbarer Pilger.

Profaner, aber trotzdem von atemberaubender Schönheit ist der **Rundblick** vom Wehrgang der Burg: hinauf zu der kargen Berglandschaft aus rotem Trachytgestein im Norden, hinab auf die farbenfrohe Stadt und die alten Gerberhäuser (*Conche*) am anderen Flussufer.

Im Anschluss an die Stadtbesichtigung ist ein 30-minütiger Spaziergang zur romanischen Kirche **San Pietro Extramuros** (Di–Do 10–12.30, Fr–So 10–12.30, 16–18 Uhr) aus dem 11. Jh. empfehlenswert.

Oberstadt Sa Costa

Verwinkelte Treppengassen führen hinauf in die Oberstadt mit ihren einfacheren Häusern, in denen nach wie vor Handwerkerfamilien leben, und zum **Castello Serravalle** (Tel. 078537 61 07, April–Juni, Sept./Okt. tgl. 10–13, 15.30–18, Juli tgl. 10–13, 16–19.30, Aug. tgl. 10–19.30 Uhr, sonst auf Voranmeldung). Die auch Castello Malaspina genannte Burg wurde 1112 von der genuesischen Familie Malaspina errichtet, im

Ein Heiliger und drei Todesfälle – Fresko in der Kirche Nuestra Signora de ses Regnos Altos

Von schlichter Schönheit ist San Pietro Extramuros vor den Mauern von Bosa

Nachdem man die Temo-Brücke stadtauswärts überquert hat, wendet man sich nach links und folgt einem Sträßchen durch Felder und Gärten mit Orangen- und Olivenbäumen zum Gotteshaus. Allein die Fassade (13. Jh.) der Kirche neben dem wehrhaften Glockenturm ist sehenswert. In ihren schmalen *Architrav* sind vier rührend starre Figuren und zwei Bäume mit geometrisch angeordneten Zweigen eingemeißelt. Innen zeigt sich die Kirche mit unverputzten Wänden und Kreuzgratgewölbe der Seitenschiffe archaisch schlicht.

Bosa Marina

An der Küste, ca. 1 km von Bosa entfernt, erstreckt sich zwischen der Mündung des Temo und dem 169 m hohen Monte Pira die von kleinen Ferienhotels gesäumte Bucht von Bosa Marina. Im Sommer wählen viele Sarden den gut erschlossenen dunkelbraunen **Sandstrand** als Urlaubsziel. In den Strandlokalen kann man sich dann mit frischem Fisch oder Meeresfrüchten verwöhnen lassen und dazu den lokalen Malvasia-Wein genießen – sowie den stimmungsvollen Blick auf den aragonesischen Turm (16. Jh.) auf der winzigen vorgelagerten *Isola Rossa*.

ℹ Praktische Hinweise

Information
Informazioni Turistiche, Via Azuni 5, Bosa, Tel. 07 85 37 61 07, www.bosa.it

Bus
Busbahnhof, Piazza Angelico Zannetti, Bosa. Von hier fahren Busse der ARST und FdS zu allen größeren Inselorten.

Touren
(e) Sardinia, Bosa, Mobil-Tel. 034 03 95 50 48, www.explora.sardinia.it. Individuell gestaltete Ausflüge und Rundreisen auch in deutscher Sprache.

Einkaufen
EsedraSardegna, Corso Vittorio Emanuele 64, Bosa, Tel. 07 85 37 42 58, www.esedrasardegna.it. Schönes sardisches Kunsthandwerk. Auch Organisation von Ausflügen.

Tauchen
Bosa Diving Center, Via Colombo 2, Bosa Marina, Mobil-Tel. 033 58 18 97 48, www.bosadiving.it. Tauchkurse, Bootsausflüge und Bootsverleih.

Hotels
***Al Gabbiano**, Viale Mediterraneo 5, Bosa Marina, Tel. 07 85 37 41 23, www.hotelalgabbiano.it. Freundliches Ferienhotel mit Restaurant und eigenem Strandabschnitt.

***Mannu**, Viale Alghero 14, Bosa, Tel. 07 85 37 53 07, www.mannuhotel.it. Hotel am Rande des historischen Zentrums Richtung Bosa Marina. Die Fischküche des Restaurants genießt auf der ganzen Insel einen hervorragenden Ruf.

***Sa Pischedda**, Via Roma 8, Bosa, Tel. 07 85 37 30 65, www.hotelsapischedda.it. Jugendstilhotel mit individuell gestalteten Zimmern, z. T. mit Balkon und Temo-Blick. Mit Restaurant.

19 Macomer

Idealer Ausgangspunkt für Ausflüge ins höchst abwechslungsreiche Umland.

Die lebhafte Stadt Macomer (11 000 Einw.) in 563 m Höhe ist als Verkehrsknotenpunkt und Handelszentrum der Region von Bedeutung. Ist auch die Altstadt des seit dem 17. Jh. bestehenden Ortes inmitten der modernen Bebauung kaum mehr auszumachen, besticht Macomer doch durch seine **Lage** auf einem breiten Grat zwischen der Ebene von Abbasanta und dem rund 200 m höher gelegenen *Altopiano di Campeda*. Die Stadt selbst hat eine angenehme Atmosphäre, bietet aber keine nennenswerten Sehenswürdigkeiten. Ein Mangel, den das unmittelbare Umland allerdings reichlich aufwiegen kann.

Kommt man von Santu Lussurgiu, also von Süden über die SP 43, weist kurz vor Macomer ein Schild nach Westen zur *Zona Turistica Parco Sant'Antonio* (auch als *Betili* ausgeschildert) und damit zum etwa 6 km entfernten Nuraghengebiet von **Tamuli** (Di–So 9–13, 15–18 Uhr). Auf einer sanften Anhöhe, die von einer niedrigen Steinmauer umgeben ist, stehen zwei Gruppen von je drei etwa brusthohen *Baityloi*. Die konisch geformten Steinmonolithe werden von den Sarden *Piedras marmuradas* genannt, auf italienisch *Pietre fitte*. Sie sind mindestens 3500 Jahre alt und dienten vermutlich religiösen Zwecken. Die erste Dreiergruppe ist an deutlich erkennbaren Brüsten als weiblich zu identifizieren. Außer den Stelen sind auf dem eingefriedeten Gelände noch Reste eines Nuraghendorfes mit einem Korridor-Nuraghen sowie Ruinen von Gigantengräbern zu bewundern.

Auch östlich von Macomer finden sich reiche Zeugnisse früher Besiedlung. Fährt man etwa 4 km auf der SP 62 Richtung **Bortigali**, so gelangt man zur *Zona Archeologica Orolo*, zu der drei Nuraghen und zwei *Domus de Janas*, frühsardische Höhlengräber, gehören. Vor allem der **Nuraghe Orolo** mit 14 m hohem Hauptturm lohnt den Abstecher in die stille Berglandschaft, in der man überdies sehr schön wandern kann. Die einzelnen Wehrtürme, Dolmen und Feenhäuser unter Wildoliven, Eichen und kultivierten Ölbäumen sind sorgfältig ausgeschildert und erläutert.

Weitere 5 km östlich führt kurz vor Silanus eine Abzweigung nach **Santa Sabina**, dessen hübsche Zweisamkeit von romanischer Kirche und Nuraghe fast jeder Sardinienreisende als Postkartenidylle kennt. Die im frühen 11. Jh. entstandene *Chiesa Santa Sabina*, auch *Santa Sarbana* genannt, ist ein einfacher, gedrungen wirkender Zentralbau mit Kuppel, im Sockelbereich aus schwarzen Vulkansteinen, die z. T. mit hellen Blöcken zum Streifenmuster kombiniert wurden. Portikus und Seitenschiffe bestehen aus hellen Steinen. Drei kleine Apsiden runden den archaischen Eindruck ab. Dieser wird noch verstärkt durch den dahinter stehenden, rund 2000 Jahre älteren *Nuraghen* aus dunklem Basalt, dessen zweites Geschoss nur im Ansatz erhalten ist. Innen führt ein Aufgang ins erste Stockwerk. Von dort genießt man einen schönen Blick auf das benachbarte Kirchlein.

ℹ Praktische Hinweise

Bahn

Stazione FdS, Piazza due Stazioni, Macomer, Tel. 800 86 50 42 (nur in Italien, gebührenfrei), www.arst.sardegna.it

Stazione FS, Piazza due Stazioni, Macomer, Tel. 89 20 21 (nur in Italien, gebührenfrei), www.fsitaliane.it

Hübsche Zweisamkeit von Nuraghen und romanischer Kirche in Santa Sabina

Sassari und der Nordwesten – Korallenküste und Karsthöhlen

Von Bosa über Alghero bis zum Capo Caccia wurden bis ins 20. Jh. hinein **Korallen** gebrochen und zu Schmuck verarbeitet. Heute stehen die roten Kostbarkeiten unter strengem Naturschutz, doch sie bleiben eine Augenweide in den herrlichen **Tauchgründen** vor der Nordwestküste Sardiniens. An Land begeistert die Altstadt von **Alghero** mit katalanischem Flair. Vor den Toren des Ortes erfreut sich die grandiose Tropfsteinhöhle **Grotta di Nettuno** großer Beliebtheit. Helle Sandstrände zeichnen die **Penisola di Stintino** im äußersten Nordwesten Sardiniens aus. Ihr vorgelagert ist die **Isola Asinara**, ein traumhaft schönes Naturschutzgebiet in dem wilde Esel und zahlreiche Vogelarten leben. Noch wenig bekannt aber phänomenal sind die hohen, mit dichtem Pinienbestand und Macchia bewachsenen **Dünen von Porto Ferro** und der Lago Barratz, Sardiniens einziger natürlicher See. Felsiger wird es an der Küste um das malerische Burgstädtchen **Castelsardo**. Sehenswert ist auch die freundliche, lebhafte Provinzhauptstadt **Sassari**, deren bedeutendes Archäologisches Museum das reiche prähistorische, antike und mittelalterliche Erbe der Region dokumentiert.

20 Alghero

Katalanisches Flair in der Altstadt und schöne Strände am Korallengolf.

Eine der schönsten **Küstenstraßen** Sardiniens verbindet Bosa mit Alghero. In vielen Kurven und Kehren windet sich die rund 40 km lange Trasse in beständigem Auf und Ab oberhalb der felsigen Ufer. Für Genießer dauert die Fahrt gut zwei Stunden, die sich jedoch wegen der großartigen Ausblicke auf die Küste und ins gebirgige Inselinnere lohnen. Etwa 10 km südlich von Alghero weitet sich das Panorama zur **Riviera del Corallo**, dem weiten Korallengolf von Alghero. In dessen Westen grenzt der 173 m hohe *Monte Rudedu* die kleinere tiefe Bucht des Naturhafens *Porto Conte* ab. Die Halbinsel auf seiner westlichen Seite endet im **Capo Caccia**, an dessen steilen Kalkfelsen sich die Wellen brechen.

Rechter Hand erstreckt sich die Hafenstadt Alghero (40 000 Einw.). Ihre vollkommen intakte Altstadt ragt, geschützt von historischen Befestigungsmauern mit voluminösen Wachttürmen, auf einer

Mächtige Bastionen und die Cattedrale di Santa Maria grüßen am Hafen von Alghero

Halbinsel ins Meer. In der freundlichen Atmosphäre bereitet das Flanieren und Bummeln besonderes Vergnügen, zumal man dabei auf Schritt und Tritt eindrucksvoller katalanischer Architektur begegnet. Katalanisch ist auch der Dialekt, den noch einige alteingesessene Bewohner sprechen, und selbst die Straßenschilder sind **zweisprachig** – italienisch und katalanisch – beschriftet. Diese Besonderheit erklärt sich aus der Geschichte der Stadt, die mehrere Jahrhunderte lang eng mit Aragón verbunden war.

Geschichte 1102 baute die genuesische Adelsfamilie Doria den von ihr eroberten Piratenschlupfwinkel Alghero mit starken Befestigungen aus. 1353 ergab sich die Stadt als eine der letzten Sardiniens den **Aragonesen**, die ein Jahr später alle Bewohner vertrieben und statt ihrer Katalanen ansiedelten. Sarden durften sich nur tagsüber in der Stadt aufhalten, wer nachts angetroffen wurde, konnte nicht mit Gnade rechnen. Auch verstärkten die Eroberer die Mauern und Bastionen, sodass an der Nordwestküste Sardiniens eine mächtige **Hafenfestung** entstand,

die auch in den darauffolgenden Jahrhunderten katalanisch geprägt blieb.

Nach dem Ersten Weltkrieg entdeckten Engländer und Schweizer die schöne Altstadt von Alghero und die nahen Strände von Fertilia und Porto Conte. Damit begann, für Sardinien relativ früh, der internationale **Tourismus**, von dem die schmucke Stadt noch heute lebt. Auch Fischerei und Handel spielen wirtschaftlich eine wichtige Rolle, vor allem aber der Ruf Algheros als **Korallenstadt**. Es gibt zahlreiche Juwelierläden und die meisten bieten den leuchtend roten Schmuck noch heute an. Doch der besteht nicht mehr aus heimischen Korallen, denn die Korallenbänke vom Capo Caccia sind seit Jahren streng geschützt.

Die Altstadt

Die meisten Gassen der Altstadt sind für den Autoverkehr gesperrt. Man beginnt einen Rundgang am besten am Hafen, wo man an der Via Garibaldi parken kann. Vorbei an den meerseitigen Mauern des *Bastione della Maddalena* gelangt man über eine Treppe hinauf auf die langen **Bastioni Magellano** ❶. Diese sind zur

abendlichen *Passeggiata* sehr beliebt, bieten sie doch von ihrer breiten, von einer Brustwehr geschützten Mauerkrone einen unverstellten Blick über Hafen und Bucht, den man von einem der Cafés oder Ruhebänke aus genießen kann.

Anschließend führt der Weg durch den Rundbogen der **Porta a Mare** ❷ (14. Jh.) direkt auf die lebhafte, dreieckige **Piazza Civica** ❸, katalanisch *Prassa del Pou Vel*. Hier locken kleine Schmuck- und Feinkostläden, Boutiquen und Souvenirgeschäfte in großen aber eher unscheinbaren Gebäuden. Übertrumpft wird das Ensemble von einem der katalanischen Schmuckstücke Algheros, dem **Palazzo d'Albis**. In seinem Erdgeschoss befindet sich eine elegante Schmuckgalerie und ein feines Jugendstilcafé [s. S. 66], dessen Tische weit auf den Platz vorgerückt wer-

den. Der Palast aus dem 16. Jh. war Sitz des katalanischen Gouverneurs von Alghero. Hier logierten später auch die Vizekönige von Sardinien, wenn sie vor ihrem Amtsantritt in Cagliari in der hiesigen Kathedrale den Eid leisteten.

Das schmale Ende der leicht ansteigenden Piazza Civica geht in die *Via Manno* über, welche sich zur *Piazza Duomo* hin öffnet. Hier ragt die hohe klassizistische Fassade der **Cattedrale Santa Maria** ❹ (im Sommer tgl. 10–20, im Winter tgl. 10–12.30, 16–20 Uhr) mit ihrem von vier Säulen getragenen Portikus auf. Als ältester Bauteil der Kirche gilt der gotisch-katalanische Chor von 1522 mit seinen fünf sternförmig angeordneten Kapellen. Über der mittleren erhebt sich der klobige oktogonale *Glockenturm*, dessen hellbeige gekachelte Pyramidenspitze

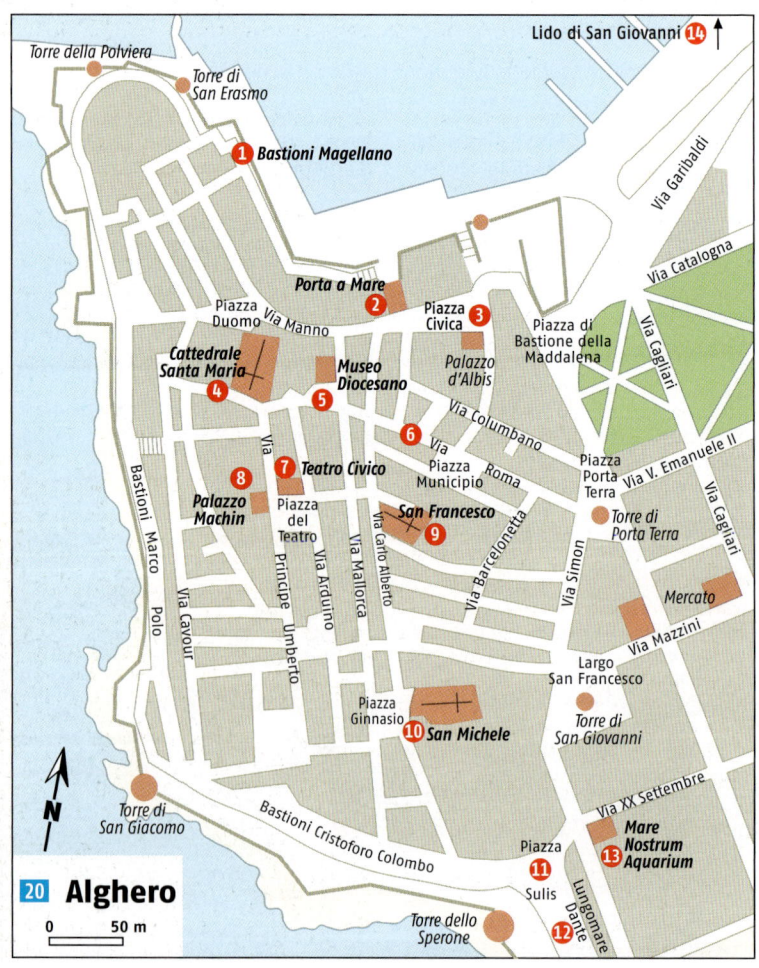

Auf den Bastioni rund um Algheros Altstadt kann man in Cafés die Abendstimmung genießen

ein Wahrzeichen Algheros ist. Von seiner Galerie aus genießt man einen herrlichen Blick über Stadt und Meer. Schmuckstück des hohen *Innenraums* der Kathedrale ist der polychrome marmorne *Hochaltar* in der Apsis. Vom Chor führt eine selten verschlossene Tür ins Freie auf die Rückseite des Domes. Dort kann man das spätgotische *Chorportal* mit seinen reich ornamentierten Spitzbogen bewundern. Weitere sakrale Kunstschätze aus Kirchen und Klöstern sind im benachbarten **Museo Diocesano** ❺ (Piazza Duomo 1, Tel. 07 97 93 30 41, Mo–Fr, zeitweise tgl. 10–12.30, 19-22 Uhr) ausgestellt.

Hinter Museum und Kirche verläuft die **Via Roma** ❻, die in Ost-West-Richtung, teilweise als Fußgängerzone, fast die gesamte Altstadt durchquert. Von ihr zweigt auf Höhe der Kathedrale die schmucke **Via Principe Umberto** ab, an der ein langer Gebäudekomplex mit grobem nackten Mauerwerk auffällt. Er gehört zum **Teatro Civico** ❼, dem 1862 erbauten, klassizistischen Stadttheater, das mit seinen vier markant vorspringenden Eckrisaliten auf die Piazza Vittorio Emanuele schaut. Die Einheimischen nennen den Platz darum nur **Piazza del Teatro**. Seitlich vom Theater steht an der Via Principe Umberto 9/11 der mit ca. 5,5 m auffallend schmale, vier Stockwerke hohe **Palazzo Machin** ❽ aus dem 16. Jh., auch *Casa Doria* genannt. An der gotisch-katalanischen Fassade mit Renaissance-

Portal verdienen die fantasievollen Rankenmotive rund um die Fensterstürze besondere Aufmerksamkeit.

Auf der gegenüberliegenden, östlichen Seite des Theaters führt die schmale *Via del Teatro* über die stille Via Maiorca und die lebhafte Via Carlo Alberto zur Chiesa **San Francesco** ❾ aus dem 15. Jh. Sie ist trotz ihrer unscheinbaren Fassade Algheros schönster Sakralbau, und die schlanke Steinpyramide auf dem

Marmorne Treppenstufen führen zum Hochaltar in der Cattedrale Santa Maria hinauf

Katalanische Majolikafließen schmücken die Kuppel der barocken Kirche San Michele

achteckigen Glockenturm ist eines der Wahrzeichen der Stadt. Im *Inneren* der dreischiffigen Basilika demonstrieren die gotisch-katalanische Segmentbogenarchitektur der rechten Chorkapelle, das Kreuzrippengewölbe des Chores sowie das Tonnengewölbe des Langhauses den Übergang von der Gotik zur Renaissance. Durch die Sakristei gelangt man links in den *Kreuzgang* des früheren Franziskanerklosters. Die zwei Geschosse darüber beherbergen heute ein Kongress- und Kulturzentrum und ein einfaches Hotel [s. S. 66].

Flaniert man auf der geschäftigen **Via Carlo Alberto**, die nicht umsonst auch katalanisch *Carrer Major*, Hauptstraße, oder *Corso* genannt wird, weiter südwärts, gelangt man zur Piazza Ginnasio und zur Barockkirche **San Michele** ❿ mit ihrer auffälligen bunt gekachelten Kuppel. Letztere stammt aus dem 19. Jh., doch mit dem Bau der Jesuitenkirche wurde bereits 1612 begonnen. Zur kostbaren Innenausstattung gehören zwei zweigeschossige, recht üppig dekorierte Stuckaltäre von 1678 und eine ebenfalls aus dieser Zeit stammende holzgeschnitzte und vergoldete Sängerempore.

Lungomare und Lido

Jetzt ist es nicht mehr weit zur **Piazza Sulis** ⓫ am Südrand der Altstadt. Zu Stoßzeiten herrscht geradezu chaotischer Verkehr auf diesem Platz um die bullige *Torre dello Sperone*, einen Rundturm der Stadtbefestigung. Besonders beliebt ist die hier beginnende Meerespromenade **Lungomare Dante** ⓬, von der aus Romantiker Sonnenuntergänge und Vollmondnächte mit Blick auf die Lichter Algheros genießen.

Das private **Mare Nostrum Aquarium** ⓭ (Via XX Settembre 1, Tel. 079 97 83 33, www.aquariumalghero.it, April, Mai tgl. 10–13, 15–20, Juni, Okt. tgl. 10–13, 16–21, Juli, Sept. tgl. 10–13, 17–23, Aug. tgl. 10–13, 17–0.30, Nov.–März Sa 15–20, So, Fei 10–13, 15–20 Uhr) zeigt Fauna und Flora des Mittelmeers um Sardinien.

Algheros Stadtstrand **Lido di San Giovanni** ⓮ ist in seinem Anfangsbereich bei der Piazza di Bastione della Maddalena von Buden und Bars sowie einer breiten Promenade gesäumt. Der blendend weiße, feine Sand zieht sich, mal von niedrigen Dünen begrenzt, mal von Pinien beschattet, 6 km weiter um den Korallengolf nach Norden bis zum Vorort Fertilia mit Jachthafen, Ferien- und Apartmenthäusern.

ℹ️ Praktische Hinweise

Information

AAST, Piazza Porta Terra 9, Alghero, Tel. 079 97 90 54, www.comune.alghero.ss.it

Flughafen

Aeroporto Alghero-Fertilia, Tel. 079 93 52 82, www.algheroairport.it. Internationaler Flughafen v. a. von Ryanair angeflogen. Busverbindungen durch ARST nach Alghero (11 km) und Sassari (35 km).

Wuchtig, trutzig, uneinnehmbar: Algheros Bastionen

Algheros **Stadtbefestigung** wurde im 12. Jh. von den Genueser Doria konzipiert und im 14.–16. Jh. von den Aragonesen zur mehrere Meter dicken, turmbesetzten Wehrmauer (Bastioni) erweitert und verstärkt. Noch heute umgibt sie die Altstadt auf den drei Seiten zum Meer und nach Osten musste sie der Stadterweiterung weichen, doch selbst hier sind die beiden wichtigsten Türme erhalten geblieben.

Ein Rundgang im Uhrzeigersinn führt vom **Bastione della Maddalena** mit seinem mächtigen Rundturm am Hafen zur **Porta a Terra** an der Piazza Porta Terra. Sie und die Porta a Mare waren die beiden Stadttore, durch die man Alghero betreten konnte. Finanziert wurde die Porta a Terra im Jahr 1360 durch die jüdische Gemeinde von Alghero. Ursprünglich war der heute klobig wirkende Turm zweigeschossig, ›verlor‹ jedoch im Lauf der Zeit sein oberes Stockwerk.

Das mächtige Rund der **Torre di San Giovanni** am Largo San Francesco war das zweite Bollwerk, das Alghero von der Landseite her beschützten sollte. Als erster Wachtposten gegen Angriffe von Süden und vom Meer diente Algheros trutzigste **Torre dello Sperone** an der heutigen Piazza Sulis. Der Turm

hat Gardemaße: 23 m über der Bastion, 23 m Durchmesser. Innerhalb der 5,5 m dicken Mauern führt eine spiralenförmige Treppe in das Obergeschoss. Beide Stockwerke zeigen sich innen in reiner gotisch-katalanischer Architektur, die in krassem Gegensatz zur äußeren Festungsbauweise steht: Radial angeordnete Rippen tragen die Deckengewölbe und verleihen ihnen optische Leichtigkeit.

Die achteckige gotische **Torre di San Giacomo**, katalanisch *Torre Sant Jaume* genannt, steht ebenfalls am Meer in imponierender Lage an der Ecke zwischen den **Bastioni Cristoforo Colombo** und den **Bastioni Marco Polo**. Zusammen bilden die beiden breiten Wehrmauern heute eine beliebte Promenade mit einladenden Cafés und guten Restaurants.

Ganz am Nordende der Stadtbefestigung stehen eng beisammen der frühere Pulverturm **Torre della Polviera** und die **Torre di San Erasmo**. Gemeinsam beschützten sie im Mittelalter Algheros Judenviertel. An ihnen führen die hoch über dem Meer angelegten Festungsmauern der **Bastioni Pigafetta** entlang, die im Osten in die **Bastioni Magellano** übergehen und bei der **Porta a Mare** enden.

Im Schutze seiner mächtigen Stadtmauern blühte Alghero auf. Auch von See her konnte der reichen Hafen- und Handelsstadt deshalb kein Feind gefährlich werden

Bahn

Stazione FdS, Via Don Minzoni, Alghero, Tel. 800 86 50 42 (nur in Italien, gebührenfrei), www.arst.sardegna.it

Bus

Busbahnhof, Via Catalogna, Alghero. Von hier fahren Busse der ARST und FdS zu allen größeren Orten der Insel.

Einkaufen

Alghero ist berühmt für seine Juweliere, die **Korallenschmuck** für jeden Geschmack und Geldbeutel anbieten.

 l'altra isola, Via Majorca 107, Alghero, Tel. 079 97 51 71, www.altraisola.it. Zauberhafter kleiner Laden mit erlesenem sardischen Kunsthandwerk.

Tauchen

Adventure & Diving, Via Aggius 14, Alghero, Mobil-Tel. 00 39 33 31 84 77 50, www.portoconte.it. Tauchkurse sowie Tauchexkursionen in den Korallengolf.

Hotels

****Villa Las Tronas**, Lungomare Valencia 1, Alghero, Tel. 079 98 18 18, www.hotelvillalastronas.it. Verträumtes Hotel in einer Jugendstilvilla auf einer Halbinsel südlich des Lungomare Dante. Mit eigenem Strand und fantastischem Blick auf Alghero.

***Porto Conte**, Lungomare, Alghero-Porto Conte, Tel. 079 94 20 35, www.hotel portoconte.com. Angenehme Hotelanlage mit großem Pool, Kinderbecken und Tennisplätzen im Garten direkt an der ausladenden Bucht. Gute Küche.

***San Francesco**, Via Ambrogio Machin 2, Alghero, Tel. 079 98 03 30, www.san francescohotel.com Kleines, einfaches aber stimmungsvolles Altstadthotel im einstigen Kloster San Francesco.

Restaurants

 Al Tuguri, Via Maiorca 113, Alghero, Tel. 079 97 67 72, www.altuguri.it. Top-Restaurant mit wenigen Tischen auf drei Stockwerken eines engen katalanischen Altstadthauses. Die Gäste werden mit köstlichem Fisch und hausgemachter Pasta verwöhnt. Hervorragend sortierter Weinkeller (So geschl.).

Andreini, Via Ardoino 45, Alghero, Tel. 079 98 20 98, www.ristoranteandreini.it. Auf der schönen baumbeschatteten Terrasse genießt man exquisite sardische Speisen. Grandiose Käseauswahl.

Angedras, Bastioni Marco Polo 41, Alghero, Tel. 07 99 73 50 78, www.angedrasres taurant.it. Freundliches, nicht zu teures Restaurant mit mediterranen Speisen direkt auf der alten Wehrmauer.

Il Vicere, Via San Erasmo 14, Alghero, Tel. 07 95 90 07 86, www.ilvicere.com. In den historischen Räumen des Stadtpalastes Palau Real eingerichtetes Restaurant mit traditioneller, aber auch internationaler Küche. Offene Feuerstelle für Grillgerichte nach sardischer Art.

Cafés

Costantino, Piazza Civica 30, Alghero, Tel. 079 97 61 54. Jugendstilcafé in den ori-

Wie ein Felsendom präsentiert sich die effektvoll ausgeleuchtete Grotta di Nettuno

![Rot glühen die schroffen Felswände des Capo Caccia im Licht der untergehenden Sonne]

Rot glühen die schroffen Felswände des Capo Caccia im Licht der untergehenden Sonne

ginal erhaltenen historischen Räumen einer früheren Apotheke im gotischen Palazzo d'Albis.

Latino, Bastioni Magellano 10, Alghero, Tel. 079 97 65 41. Trendiges Café mit vielen Tischen auf der historischen Stadtbefestigung, mit traumhaftem Hafenblick (Di geschl.).

21 Grotta di Nettuno

 Phänomenale Tropfsteingebilde regen die Fantasie an.

Schon alleine die Anreise zur Tropfsteinhöhle Grotta di Nettuno (Tel. 079 94 65 40, April–Sept. tgl. 10–20, Okt.–März bei gutem Wetter tgl. 9–13 Uhr, Besichtigung im Rahmen von mehrsprachigen Führungen jeweils zur vollen Stunde) ist ein Vergnügen: Von Alghero sowie der kleinen Cala Calcina (auch Cala Dragunara) gelangt man mit dem Ausflugsboot (s. u.) direkt in den engen Vorraum der Grotte! Und wer mit dem Auto die 24 km von Alghero aus fährt, kann kurz vor dem Ort Fertilia am Rio Barca einen Blick auf eine 14-bogige **Römerbrücke** (3. Jh. n. Chr.) erhaschen. Archäologiebegeisterte sollten

außerdem einen Stopp am **Nuraghen Palmavera** (April–Okt. tgl. 9–19, Nov.–März tgl. 10–14 Uhr) direkt am Straßenrand zwischen Fertilia und Porto Conte einlegen. Die Siedlung wird auf das 15.–8. Jh. v. Chr. datiert. Besonders gut erhalten ist die Versammlungshütte mit umlaufender Bank und kleiner Nuraghen-Nachbildung im Inneren. Weiter geht die Fahrt am Hang des 326 m hohen *Monte Timidone* entlang bis zum spärlich mit Macchia bewachsenen **Capo Caccia**, das sich 168 m aus dem Meer erhebt. Vom dortigen Parkplatz steigt man die 652 Stufen der steilen und aussichtsreichen *Escala del Cabril*, der Rehtreppe, bis zum Höhleneingang hinunter.

Per Führung gelangt man 600 m tief in die **Neptunsgrotte**. An den Höhlendecken bilden Tropfsteine wahre *Stalaktitenwälder* und fantasieanregende Figuren, etwa einen ›Buddha‹ oder die 11 m hohe ›Orgel‹. Kleine Seen kristallklaren Wassers spiegeln die unterirdische Zauberwelt wieder, und auch der große *La Marmora-See* mit bis zu 9 m Tiefe sorgt für Bewunderung. Die Tropfsteine der karstigen Höhle, in der konstant 20 °C Wärme und 90 % Luftfeuchtigkeit herrschen, sind im ersten Teil bereits abgestorben, wachsen also nicht mehr nach, der Rest verändert sich sichtbar nach starken Regenfällen. Die Grotte ist attraktiv mit Speziallampen ausgeleuchtet, die das Blitzlichtgewitter der Kameras reflektieren und so von den empfindlichen Kalkformationen abhalten. Im Unterschied zu vielen anderen Tropfsteinhöhlen ist hier deshalb das Fotografieren mit Blitz in der Regel erlaubt.

Anghelu Ruiu

In der Ebene 8 km nördlich von Alghero liegt die 1905 entdeckte nuraghische Nekropole Anghelu Ruiu (Tel. 07 99 94 43 94, April–Okt. tgl. 9–19, Nov.–März tgl. 10–16 Uhr), von der SP 42 aus bequem zu erreichen. Die 37 Gräber wurden 3000–2000 v. Chr. in den felsigen Grund gegraben. Vor deren Eingängen erläutern Tafeln mit Grundrissen und Texten, auch auf Deutsch, die einzelnen Grabanlagen. Von den immer wieder beschriebenen, aus dem Fels gemeißelten Stierhörnern über einigen der Grabpforten ist jedoch nur noch schwerlich etwas zu erkennen, höchstens an der Tomba A erahnt man noch die Umrisse.

Lago Barratz und Dune di Porto Ferro

Für Naturfreunde lohnt ein Abstecher von der Grotta di Nettuno etwa 15 km gen Norden nach *Porto Ferro* (ausgeschildert). Noch bevor man die Küste erreicht, sollte man zum **Lago Barratz** abzweigen. Sardiniens einziger natürlicher See (alle anderen sind gestaut) liegt inmitten eines schattigen Eukalyptuswäldchens und bietet ausgezeichnete Möglichkeiten, Wasservögel zu beobachten. Ein kleines Naturschutz-Bildungszentrum (Mo–Fr 10–13.30 Uhr) hält Informationsmaterial und Tipps für schöne Wanderungen bereit.

Zwischen See und Meer schieben sich die mindestens 1 km breiten, bis zu 20 m hohen Sanddünen **Dune di Porto Ferro**, die man, um sie vor Erosion zu schützen, dicht mit Pinien und Macchia bepflanzt hat. Je nach Jahreszeit prunken sie mit mannigfaltiger Flora, etwa rosa blühenden Mittagsblumen, weißen Strand-Trichter- oder Pankratzlilien, Rosmarin und Thymian. Auch wenn es durch den rutschigen Sand etwas mühsam ist, sollte man eine der mehrere Meter breiten Brandschneisen im Bewuchs hinauf klettern, um den grandiosen Blick aufs Meer zu genießen. Dort unten, am 1 km breiten, von Wachtürmen gerahmten Strand von Porto Ferro, stürzen sich ambitionierte

Surfer und Kiter in die bis zu drei Meter hohen Wellen.

ℹ️ Praktische Hinweise

Schiff

Navisarda, Porto di Alghero, Tel. 079 95 06 03, www.navisarda.it. Bei ruhiger See fahren Motorboote im Sommer tgl. entweder von Algheros Hafen (ca. 40 Min.) oder von der winzigen Cala Calcina (ca. 20 Min.) zur Grotta di Nettuno.

22 Bonorva und Sant'Andrea Priu

Die schönsten Höhlengräber Sardiniens waren auch den frühen Christen heilig.

Das ruhige Städtchen **Bonorva** (3800 Einw.), in 508 m Höhe gelegen, ist der Hauptort der zentralen Hochebene *Altopiano di Campeda*. Dank Pferde- und Viehzucht sowie dem Weben bunter Teppiche und dem Wirken weißer Wollstoffe wurde es wohlhabend. Bonorva erfreut sich einer architektonisch gelungenen Pfarrkirche *Natività di Maria* (16./17. Jh.), deren hohen Glockenturm ein markantes Pyramidendach abschließt.

Trotzdem fahren Touristen meist nur durch den Ort, folgen der schmalen SP 43 rund 11 km nach Osten zu den gut ausgeschilderten Höhlengräbern von **Sant'Andrea Priu** (Tel. 03 48 56 42 61 11, Juni, Sept. tgl. 10–13, 15–18, Juli, Aug. 10–18 Uhr, sonst auf Voranmeldung) in einer etwa 10 m hohen Felswand. Treppen führen zu den insgesamt 20 Gräbern hinauf, die im 5.–3. Jt. v. Chr. entstanden. Sie werden allmählich gesichert und hergerichtet, derzeit sind drei zu sehen. Darunter ist die *Tomba del Capo*, die mit 250 m² größte auf Sardinien entdeckte Grabstätte, vielleicht tatsächlich die eines Stammeshäuptlings (*Capo*). Das Grab besteht aus einem kurzen Gang, der zum halbrunden Vorraum und weiter in zwei große, hintereinander liegende, rechteckige Räume führt, von denen 14 Grabkammern abzweigen. Aus vornuraghischer Zeit stammen die zahlreichen Bodenvertiefungen für Grabbeigaben. An den Wänden legte man in zwei Schichten übereinander Wandmalereien aus dem 3.–9. Jh. frei. Sie belegen, dass die in die Felswand

Zur gewaltigen Festungsanlage des Nuraghen Santu Antine bei Torralba gehörte auch dieser heute als Aussichtspunkt inszenierte Wehrturm

geschlagenen Räume in byzantinischer und frühromanischer Zeit als Kirche benutzt wurden. Besonders schön ist eine von Tauben und Engeln umgebene *Matrona romana*, wohl die Stifterin der Malereien. Die Rückwand nimmt ein Christus Pantokrator in der Mandorla ein.

Die kleine Mühe, auf das **Plateau** über der Felswand zu steigen, lohnt sich. Oben steht ein verwittertes Gebilde aus rotem Trachyt. Dabei handelt es sich vermutlich um die Jahrtausende alte Skulptur eines Stieres. Dem heidnischen Kultbild haben wohl Christen bereits vor mehreren Hundert Jahren der Kopf abgeschlagen.

23 Valle dei Nuraghi

Ein Königsnuraghe und eine romanische Kirche auf windgepeitschter Hochebene.

Das schlichte Dorf **Torralba** (1000 Einw.) ist Ausgangspunkt für die Erkundung der umliegenden, von Tafelbergen gesäumten Senke *Campu di Cabu Abbas*. Die Gegend wird auch Valle dei Nuraghi, **Tal der Nuraghen**, genannt, weil hier besonders viele frühgeschichtliche Wehrtürme zu finden sind.

Der bedeutendste ist das Prachtexemplar **Santu Antine** (Tel. 079 84 71 45,

www.nuraghesantuantine.it, tgl. 9–20, Führungen April–Sept. tgl. 10–13, 14.30–18.30, Okt.–März tgl. 10–13, 14.30–16.30 Uhr jede volle Stunde), 3 km südlich von Torralba direkt an der SP 21. Während andere imposante Nuraghen meist strategisch günstige Bergkuppen einnehmen, wurde dieser nuraghische Palast, *Reggia Nuragica*, wie er wegen seiner gewaltigen Ausmaße auch tituliert wird, im 15.–9. Jh. v. Chr. auf dem Talboden errichtet. Mit dem Ende des 19. Jh. von Einheimischen als Baumaterial abgetragenen dritten Stock muss der gewaltige, zentrale Hauptturm einst 22 m hoch gewesen sein. Eine steinerne Wendeltreppe führt links vom Eingang ins zweite Geschoss, von dem aus man über den ca. 100 m² großen Innenhof mit Brunnen hinweg weit in die Ebene schauen kann. Die Festungsanlage rahmt eine ebenfalls wuchtige, dreieckige Umfassungsmauer. In ihr verläuft ein mit Schießscharten versehener Wehrgang, der die drei Ecktürme verbindet. In den Schutz der riesenhaften Basaltsteine duckten sich außerhalb steinerne Wohnhütten, deren Grundmauern noch gut zu erkennen sind.

Am südlichen Rand des nahen Dorfes *Borutta* ist der Besuch von **San Pietro di Sorres** (Tel. 079 82 40 01, tgl. 7–13, 15–19 Uhr) ein Muss. Immerhin handelt es sich um eine der bedeutendsten sardischen

Kirchen im *pisanischen Stil* und eine der schönsten romanischen Kirchen Italiens überhaupt: Das kleine, aus dem 11. Jh. stammende Gotteshaus aus hellem Kalkstein wurde 1170–90 aufgestockt. Baumeister Magister Marianus verwendete Gestein aus der Gegend: weißen Muschelkalk, grauen Schiefer, grünen und schwarzen Basalt sowie roten Trachyt. Die Fassade ist horizontal in Giebel, Bogenfries und Blendarkaden um das Portal dreigeteilt. In typisch pisanischer Manier sind Giebelfeld und Apsis schwarz-weiß quer gestreift, die Rhomben und Kreise in den Bogenfriesen bestechen durch mehrfarbige steinerne Intarsienarbeiten. Besonders anmutig ist das Biforienfenster über dem rot-weißen Blendbogen des Portals. Wirkt die dreischiffige Basilika von außen relativ schmal, überrascht sie innen mit Großzügigkeit. Unter dem Kreuzgewölbe aus dunklem Trachyt verdient der schöne gotische Altar Beachtung, um 1400 wurde die zartgliedrige farbig gefasste Holzstatue *Madonna delle Grazie e Regina di Sorres* gefertigt. Falls die Kirche abgesperrt ist, bekommt man im angeschlossenen 1957 eingerichteten Benediktinerkloster den Schlüssel.

ℹ Praktische Hinweise

Restaurant

Il Salice, Via Carlo Felice 195, Torralba, Tel. 079 84 71 10. Sympathisches Restaurant mit typisch sardischer Küche, am Abend gibt es auch Pizza.

24 Ozieri

Städtebauliches Juwel mit kunstgeschichtlichem Schatz im Dom.

Wie ein Amphitheater breitet sich Ozieri (11 000 Einw.) an den Hängen eines relativ engen Talkessels in den Bergen des *Montacuto* in 390 m Höhe aus. Die leb-

Zebrastreifen in pisanischer Manier – Innenraum der Kirche San Pietro di Sorres

Wie ein Amphitheater breitet sich Ozieri an den Hängen eines Talkessels aus

hafte Stadt gilt als Zentrum der Region *Logudoro* und bietet dank ihrer neoklassizistischen Palazzi mit Balkonen, Dachterrassen und säulengestützten Loggien einen außerordentlich hübschen Anblick. Das Stadtbild geht auf das 19. Jh. zurück, als Ozieri 1807–60 Provinzhauptstadt war und einen regelrechten Bauboom erlebte. Damals wie heute verdankte es seinen Reichtum dem Viehhandel, der Milchwirtschaft und der Käseherstellung.

Das Auto sollten Besucher im unteren Bereich des Ortes nahe der *Piazza Garibaldi* parken und anschließend die steilen gepflasterten Straßen und Gassen im Rahmen eines gemütlichen Spaziergangs erkunden. Dabei bietet sich sicher die Gelegenheit, **Suspirus di Ozieri** zu kosten, eine süße Seufzer genannte Mandelspezialität.

Unter Historikern ist die vornuraghische **Ozieri-Kultur** (3500–2800 v. Chr.) bekannt: In der Grotta *San Michele* von Ozieri wurde erstmals Keramik mit den für diese Zeit typischen Spiralverzierungen gefunden. Schöne Exponate aus jener Epoche zeigt das **Museo Archeolo-**

gico (Piazza P. Micca, Tel. 07 97 85 10 52, Di–Sa 9–13, 16–19, So 9.30–12.30 Uhr, Mo nach Voranmeldung 9–13 Uhr) im einstigen Convento delle Clarisse.

Recht weit oben am Hang ließ der Architekt Gaetano Cima auf den Überresten einer früheren gotisch-katalanischen Kirche im 19. Jh. die **Cattedrale dell'Immacolata** im klassizistischen Stil errichten. Berühmt sind die Kunstschätze in der Sakristei, vor allem das siebenteilige *Retablo della Vergine di Loreto* vom unbekannten ›Meister von Ozieri‹ aus dem 16. Jh. Es zeigt unter der Kreuzigung im Mittelteil eine anmutige Jungfrau mit Kind, die, allen realistischen Größenverhältnissen zum Trotz, auf ihrem Geburtshaus Platz genommen hat. Engel sind gerade dabei, sie mitsamt der Casa Sancta von Nazareth ins italienische Loreto zu fliegen. Dort, so will es die Legende, steht das Heilige Haus noch heute. Einen Blick wert ist außerdem die um 1500 entstandene mannshohe Statue des hl. Antiochus mit grüngolden gefasstem Kleid und rotem Umhang, die eigentlich nach Sant' Antioco di Bisarcio (s. u.) gehört.

Ausflug

Etwa 7 km nordwestlich lohnt die einsam auf einem Hügel gelegene Kirche **Sant'**

Antioco di Bisarcio (Tel. 079 78 02 57, tgl. 9–13, 16–18 Uhr) wegen ihrer romanisch-gotischen Architektur und den zahl-reichen meisterlichen Steinmetzarbeiten einen Besuch. Unter Einbeziehung eines romanischen Vorgängerbaus wurde die dreischiffige Basilika im Jahr 1150 aus sandfarbenem und rötlichbraunem Tra-chyt errichtet und diente der Diözese Bi-sarcio bis 1503 als Bischofssitz. An der Fassade der Vorhalle (1170–90) fallen die Blendbögen, Friese und Konsolen mit ih-rem kunstfertigen Baudekor auf, darge-stellt sind u. a. ein pflügender Bauer mit Ochsengespann, ein stilisierter Löwe, Blumen oder Kreuze sowie groteske Men-schenköpfe. Vom monumentalen Glo-ckenturm neben der Apsis genießt man einen weiten Blick über die Landschaft.

Der *Innenraum* der Säulenbasilika mit fein gearbeiteten Kapitellen besteht aus rosagrauem Trachyt und wirkt wie aus einem Guss, die halbrunde Chorapsis und die schlichten, gurtlosen Kreuzgewölbe der Seitenschiffe inbegriffen. Zu den Pa-tronatstagen am 13. November und am zweiten Sonntag im Mai feiern Gläubige die **Festa di Sant'Antioco**. Dann wird die Statue des hl. Antiochus aus der Kathe-drale von Ozieri für einige Tage hierher gebracht und am Hauptaltar aufgestellt.

Rechts: *Im Tal des Riu Murroni erhebt sich die Kirche Santissima Trinità di Saccárgia*
Unten: *Das Retablo Maggiore di Ardara ziert die Basilika Santa Maria del Regno*

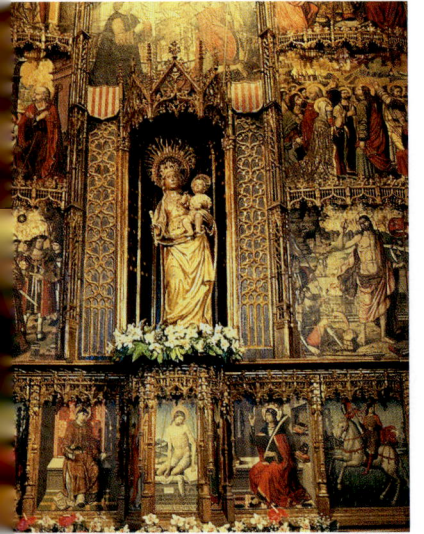

25 Ardara

Großartige Basilika ›ganz in Schwarz‹

Man sieht dem heute so verschlafen wir-kenden Ort (830 Einw.) auf einem Hügel südlich der SS 597 seine bewegte Vergan-genheit nicht an, doch Anfang des 12. Jh. flohen die Richter des Judikats *Torres* vor Piraten aus Porto Torres nach Ardara, das damit zur Hauptstadt des Kleinkönig-reiches avancierte. An diese Zeit erinnert nur noch der harmonisch schlichte ›Schwarze Dom‹ von Ardara, die Basilika **Santa Maria del Regno** (tgl. zur Messe geöffnet, ca. 15.30–18 Uhr, sonst auf Voranmeldung, Tel. 079 40 01 93) am unteren Rand des Dorfes. Außer den Kreuzrippengewölben der Seitenschiffe ist praktisch die ganze 1107 geweihte Kirche aus schwarzem Trachyt gebaut. Die imposante dunkle Massigkeit lässt wohl

TOP TIPP

keinen Betrachter unbeeindruckt. Das Portal hätte nicht einfacher ausfallen können, der schlichte Rundbogen darüber scheint zu weit nach oben gerutscht zu sein, als wollte er das Biforienfenster erreichen.

Im achtjochigen *Innenraum* lenken zwei Reihen schwarzer Säulen den Blick nach vorne auf die halbrunde Apsis, die von dem raumhohen, 10 x 6 m großen *Retablo Maggiore di Ardara* bedeckt wird. Das gestaffelte Polyptychon besteht aus acht Haupttafeln, umgeben von zwölf Rahmenbildern, allesamt aus der Werkstatt des ›Meisters von Ardara‹. Die neunteilige Predella um Christus am Heiligen Grab schuf laut Inschrift der sardisch-katalanische Maler Giovanni Murru im Jahr 1515. Der gesamte Bilderzyklus der prächtigen Altarwand ist Maria und Jesus gewidmet. In der Mitte öffnet sich eine vergoldete und maßwerkverzierte Ädikula

mit einer gleichfalls vergoldeten Holzfigur der Maria mit Kind.

TOP TIPP ### Santissima Trinità di Saccárgia

Fährt man von Ardara auf der SS 597 Richtung Sassari, so sieht man nach etwa 10 km links in der sich unvermittelt öffnenden Talmulde des Riu Murroni den Campanile der einsam stehenden Santissima Trinità di Saccárgia (tgl. 9–18 Uhr). Sie wurde 1116 als Abteikirche für das benachbarte Kamaldulenserkloster in Auftrag gegeben, dessen Gebäude heute eine romantische Ruine bilden. Gut erhalten ist dagegen das 1180–1200 in klarem pisanischen Stil vollendete einschiffige Gotteshaus, dessen effektvolle Querstreifen aus weißem Sandstein und schwarzem Basalt bestehen. Dasselbe Erscheinungsbild zeigen der 40 m hohe gewaltige Campanile, aufgelockert durch bunte

*Ein kleiner Dämon blickt grimmig von einem
Kapitel der Santissima Trinità di Saccárgia*

Majolikamedaillons, Bi- und Triforien im
oberen Bereich sowie die dreibogige
Vorhalle der Kirche. Fantastische Fabel-
wesen und Dämonen zieren hier die Kapitelle, sehr gute Kopien der heute im *Inneren* verwahrten Originale. Dort setzt
sich das Schwarz-Weiß der Fassade in der
Fußbodengestaltung fort. Der Kirchenraum wurde mit einer einfachen dunklen
Holzbalkendecke überfangen. Der Chor
ist mit bemerkenswerten Fresken geschmückt. Die Bilder stammen noch aus
dem 12. Jh. – die einzigen Sardiniens aus
dieser Epoche. Sie zeigen u. a. einen seg-
nenden Christus Pantokrator in der Mandorla oder an der rechten Seite Stationen
des Leidensweges Christi mit Abend-
mahl, Judaskuss und Grablegung.

ℹ Praktische Hinweise

Bahn

Stazione FS, Ardara, Tel. 89 20 21 (nur in
Italien, gebührenfrei), www.fsitaliane.it

26 Sassari

*Museen, Kirchen, Stadtpaläste und
eines der schönsten Feste der Insel.*

Sassari (130 000 Einw.) – nach Cagliari die
zweitgrößte Stadt Sardiniens – ist eine
Provinzmetropole und Universitätsstadt.
Sie erstreckt sich auf einem gut 200 m
hohen Kalkplateau inmitten ausgedehnter Gärten und Olivenhaine. Die Altstadt,
mit ihren verwinkelten Gassen eine der
größten Italiens, wird flankiert von der ab
dem 19. Jh. um die elegante Piazza Italia
angelegten und von breiten Boulevards
durchzogenen Neustadt. Im Sommer
wirkt Sassari trotz seiner Größe manchmal wie ausgestorben, denn am liebsten
verbringen seine Einwohner ihre Freizeit
auf dem Land oder am Meer.

Geschichte *Tathari*, wie Sassari damals
hieß, wird urkundlich erstmals im 12. Jh.
erwähnt, war aber wohl bereits im 7./8. Jh.
von Bewohnern des nahen Porto Torres
als Zufluchtsort bei Piratenangriffen angelegt worden. Sassaris Bürger waren
von Anfang an freiheitsliebend, erklärten
ihre blühende Stadt bald als unabhängig
vom Judikat Torres und verliehen dieser
Haltung 1294 durch die Ermordung des

Harmonisches Farb- und Formenspiel an den Fassade der Santissima Trinità di Saccárgia

Das Marmordenkmal auf der Piazza Italia in Sassari ehrt König Vittorio Emanuele II

zuständigen Richters Nachdruck. Im selben Jahr gaben sie sich mit den **Statuti Sassaresi** eine eigene Verfassung, die formal bis 1771 galt, de facto jedoch die fast 400-jährige Herrschaft der **Aragonesen** nicht verhindern konnten. Als wichtiger Warenumschlagplatz, Bischofssitz und ab 1617 Universitätsstadt, wuchs Sassari bis ins 17. Jh. zur bedeutendsten Stadt Sardiniens heran. Doch dann raffte eine Pestepidemie fast die Hälfte der Bevölkerung hinweg und warf die Stadtentwicklung herb zurück.

1780, 1795 und 1852 machte Sassari neuerlich von sich reden, als sich die Stadt, wenngleich vergeblich, gegen die **Savoyer** erhob. Enormen wirtschaftlichen Aufschwung brachte in der zweiten Hälfte des 19. Jh. der Handel mit landwirtschaftlichen Produkten. Exportiert wurde vor allem nach Frankreich. Sassari wuchs so rapide als Handels- und Verwaltungszentrum im Nordwesten Sardiniens, dass 1877 das alte aragonesische Kastell geschleift werden musste, um Platz für die Stadterweiterung zu schaffen. Doch seit dem Niedergang der Landwirtschaft ab den 1950er-Jahren leidet die Hauptstadt der gleichnamigen Provinz unter hoher

Arbeitslosigkeit. Die wirtschaftliche Depression zeigt sich auch deutlich am Zustand vieler historischer Gebäude. Übrigens stammen einige bedeutende italienische Politiker des 20. Jh. aus Sassari: so etwa die Staatspräsidenten Antonio Segni (1891–1972) und Francesco Cossiga (1928–2010) sowie der langjährige Führer der Kommunistischen Partei Enrico Berlinguer (1922–1984).

An der Via Roma

Sassaris Altstadt erstreckt sich zwischen Piazza Castello, Porta Utzeri, dem Bahnhof und den Straßen Corso Trinità und Via del Mercato. Hier ist es schwierig, für längere Zeit einen Parkplatz zu finden. Mit etwas Glück kann man den Wagen in einer der Querstraßen der Via Roma abstellen, zumal das dortige **Museo Archeologico Nazionale Giovanni Antonio Sanna** ❶ (Via Roma 64, Tel. 079 27 22 03, www.museosannasassari.it, Di–So 9–20 Uhr) in einem schnörkellosen Stahlbetonbau ein guter Ausgangspunkt für eine Stadtbesichtigung ist. Seine Abteilung für sardische *Volkskunde* und die kleine *Pinakothek* mit Werken sardischer Künstler aus dem 14.–20. Jh. treten zurück hin-

Tongefäße und Pfeilspitzen zählen zu den Schätzen des Museo Archeologico Nazionale

ter der erstklassigen *Archäologischen Sammlung.* Anhand von Modellen werden z. B. *Domus de Janas* (Feenhäuser), Höhlengräber aus der Jungsteinzeit, und *Tombe dei Giganti* (Gigantengräber) aus der nuraghischen Epoche dokumentiert. Beachtenswert sind auch die *Bronzetti,* unter ihnen ein schöner Stier aus Predio Canopolo bei Perfugas. Des Weiteren gibt es etruskische Korallenvasen, römische Glasgefäße, Grabstelen, Münzen und Marmorstatuen zu sehen.

Die Via Roma führt zwischen hohen Verwaltungsgebäuden und einigen restaurierten Bürgerhäusern (19./20. Jh.) nordwestlich in die Altstadt, schnurgerade auf die **Piazza Italia** ❷ zu. 1872 wurde der 1 km² große Platz angelegt, 1899 kam in seiner Mitte das riesenhafte *Monumento a Vittorio Emanuele II* hinzu, das den italienischen König in weißem Marmor in Galauniform auf seinen Degen gestützt zeigt. Den Platz umgeben prächtige zweistöckige Paläste des 19. Jh., darunter der neogotische **Palazzo Giordano** von 1878, heute Sitz des *Banco di Napoli.* Sein Inneres ist mit Fresken geschmückt.

Die beiden Arkadengänge **Portici Bargone e Crispo** ❸ mit einladendem Café verbinden die Piazza Italia mit der palmengeschmückten **Piazza Castello** ❹, die 1877 anstelle des abgetragenen aragonesischen Kastells angelegt wurde. Einziges interessantes Gebäude am Platz ist bislang die monumentale **Caserna Alberto La Marmora** von 1878. In der Kaserne befand sich das Hauptquartier der legendären *Brigata Sassari,* die rechts am großen Paradehof ein eigenes **Museum** (Tel. 07 92 08 53 08, Mo–Fr 8–16.30, Sa 8–13 Uhr) besitzt. Darin wird mit Dokumenten, Fotos und Zeitungsausschnitten sowie der Nachbildung eines Schützengrabens die

0   200 m

Kunstvolle barocke Elemente sind Blickfang an der Fassade des Duomo San Nicola

Geschichte der Brigade erläutert. Ihre Soldaten galten im Ersten Weltkrieg als die waghalsigsten Italiens.

Centro Storico

Nordwestlich der Piazza durchzieht der **Corso Vittorio Emanuele II** ❺, heute Fußgängerzone, die gesamte Altstadt. Bürgerhäuser des 19. Jh. mit kunstvollen schmiedeeisernen Türgittern und gotisch-katalanische Paläste aus dem 15. Jh. flankieren die Flaniermeile. Auch das neoklassizistische **Teatro Civico** von 1826 mit seinem sanftgrünen Rustikasockel, dem pinken Putz darüber, seinen korinthischen Kapitellen und der großen Uhr im Giebelfeld verdient Beachtung. Nahe dem Bahnhof mündet der Corso in die längliche **Piazza Sant'Antonio**. Ihre Nordostseite dominiert die schlichte Barockfassade der 1707 vollendeten Chiesa **Sant'Antonio Abate** ❻. Glanzpunkt der barocken Ausstattung ist das große schöne Retabel mit reicher vergoldeter Schnitzerei, das die gesamte Abschlusswand des Chorraumes einnimmt.

Zweigt man vom Corso Vittorio Emanuele II in die kleine Via Santa Caterina Richtung Süden ab, fällt links nach wenigen Schritten eine Kirche aus hellem Sandstein mit schmalen Seitenschiffen und breitem Mittelschiff auf, die von einer oktogonalen Kuppel mit kleiner Laterne bekrönt wird. Dabei handelt es sich um die 1579–1609 erbaute **Santa Caterina** ❼, die frühere Jesuitenkirche *Gesù e Maria*.

Die Via Santa Caterina mündet in die **Piazza del Comune**, an deren gegenüberliegender Seite im barocken **Palazzo Ducale** ❽ Rathaus und Stadtbibliothek untergebracht sind. Der dreigeschossige Bau wurde 1775–1805 nach Plänen des Piemonteser Architekten Carlo Valino für den Markgrafen Duca di Asinara errichtet. Die Fassade ist mit spätbarocken Formen wie Rund- und Dreiecksgiebeln über den Fenstern dekoriert.

Über Eck, am Vicolo del Campanile, erhebt sich der Chor des Doms, von dem aus enge Gassen zur **Piazza Duomo** führen. Von diesem engen Platz kann man nur mit Mühe die hoch aufragende, reich **TOP TIPP** geschmückte barocke Kalksteinfassade des **Duomo San Nicola** ❾ (tgl. 9–12, 16–19 Uhr) erfassen. Diese weist eine Fülle von Grotesken, Medaillons, Türmchen, Nischen, Engelsstatuen und Blütenranken auf und wurde um 1700 dem aus dem 13. Jh. stammenden Gotteshaus vorgesetzt. Im Giebelfeld steht der Kirchenpatron San Nicola di Bari, über ihm Gottvater, unter ihm in je einer Nische die drei Schutzheiligen der Stadt: Gavinus, Januarius und Protus. *Cattedrale Turritana* nennen die Sassareser ihren Dom, den man durch eine Vorhalle mit reichem Sterngewölbe betritt. Der einschiffige *Innenraum* mit hohem gotischen Kreuzrippengewölbe wird von je vier Seitenkapellen flankiert. Die dritte Kapelle links ist Santa Lucia geweiht, die u. a. als Schutzpatronin der Schuhmacher gilt. Deshalb wird hier der Kerzenleuchter des *Gremio dei Calzolai*, der Gilde der Schuster, aufbewahrt [s. S. 79]. Unter den zahlreichen sakralen Kunstwerken wird das kleine Bild der *Madonna del Bosco* am Hochaltar besonders verehrt, das ein unbekannter Meister um 1400 auf einer goldgrundierten Holzplatte im sienesischen Stil schuf.

Extra Muros

Keine 300 m westlich des Doms ragt die Chiesa **Santa Maria di Betlem** ❿ (tgl. 7.15–12, 17–20 Uhr) empor. Bemerkenswert sind ihre hohe gotische Fassade und die riesige Kuppel. Die Kirche wurde ab 1106 damals außerhalb der Stadtmauer erbaut und entwickelte sich im 13. Jh. zum Mittelpunkt des religiösen Lebens von Sassari. Der einschiffige Innenraum ist fast vollständig barockisiert. Die Seitenkapellen bergen sechs der neun *Candelieri* der mittelalterlichen Zünfte [s. S. 79].

Der Corso Margherita di Savoia führt nun in südöstliche Richtung direkt auf das Hauptgebäude der **Università** ⓫ zu. Der zweistöckige Bau wurde 1559–66 als Jesuitenkolleg um einen stimmungsvollen Kreuzgang errichtet und beherbergt heute u. a. die hervorragende Universitätsbibliothek. Auf der anderen Seite der Straße lädt der herrlich grüne **Giardino Pubblico** zur Rast.

14 km nordwestlich der Stadt erstreckt sich, begleitet von einem lichten Pinienwald, der kilometerlange **Platamona Lido** am *Golfo dell'Asinara*. Der beliebte Hausstrand der Sassareser ist gut erschlossen, zahlreiche *Lidi* bieten Kabinen, Liegestühle, Kinderspielplätze und Verköstigung.

ℹ Praktische Hinweise

Information

Pro Loco, Via Cavour 65, Sassari, Mobil-Tel. 034 86 85 91 57, www.prolocosassari.it

Ufficio Informazioni, Via Sebastiano Satta 13, Sassari, Tel. 07 90 00 80 72

Bahn

Stazione FdS, Corso Vittorio Emanuele II, Sassari, Tel. 800 86 50 42 (nur in Italien, gebührenfrei), www.arst.sardegna.it

Stazione FS, Corso Vittorio Emanuele II, Sassari, Tel. 89 20 21 (nur in Italien, gebührenfrei), www.fsitaliane.it

Bus

Busbahnhof, Via 25 Aprile, nahe dem Bahnhof, Sassari. Von hier fahren Busse der ARST und FdS in alle größeren Orte der Insel.

Die zentrale Haltestelle der **ATP Stadtbusse** ist die Piazza Emiciclo Garibaldi am Stadtpark, dort auch Ticket-Kiosk.

Hotels

****Grazia Deledda**, Viale Dante 47, Sassari, Tel. 079 27 12 35, www.hotelgrazia deledda.it. Am südöstlichen Stadtrand gelegenes, luxuriöses Hotel.

***Leonardo da Vinci**, Via Roma 79, Sassari, Tel. 079 28 07 44, www.leonardo davincihotel.it. Gepflegtes, sehr gut geführtes Haus im Zentrum nahe dem Museo Nazionale Giovanni Antonio Sanna.

****Piazza San Pantaleo**, Piazza San Pantaleo 14, Sorso, Tel. 079 35 35 62, www.piaz zasanpantaleo.it. Familiäres B&B inmitten eines historischen Dorfes zwischen Sassari und dem Meer. Frühstücksterrasse.

Restaurants

Liberty, Piazza Nazario Sauro 3, Sassari, Tel. 079 23 63 61. Durchdesigntes, nicht ganz billiges Restaurant im Zentrum der Altstadt. Fischgerichte und ausgezeichnete sardische Weine.

Trattoria del Giamaranto, Via Alghero 69, Sassari, Tel. 079 27 45 98, www.giamaran to.com. Angenehmes Ambiente in einem unscheinbaren Wohnhaus. Hervorragende Fischküche, im Herbst auch Pilzspezialitäten. Die hohe Qualität hat allerdings ihren Preis (So geschl.).

Trattoria Gesuino, Via Torres 17 g, Sassari, Tel. 079 27 33 92. Familiäres Lokal mit typischen Spezialitäten aus Sassari wie Schnecken und Eselsfleisch, aber auch andere sardische Speisen (So geschl.).

Café

Caffè Italiano, Via Roma 38, Sassari. Gute Snacks und Drinks sowie preiswerter Mittagstisch in den historischen Räumen des früheren *Grancaffè* mit angenehmem Innenhof.

Ein Reiterumzug ist Auftakt der Cavalcata Sarda in der Altstadt von Sassari

Festtagsritt und Lichterglanz

Aus fast allen Gemeinden der Insel strömen die Menschen am vorletzten oder letzten Mai-Sonntag zur **Cavalcata Sarda** (www.cavalcatasarda.it) in Sassari zusammen. Sie tragen traditionelle, farbenfrohe Trachten und sind reich geschmückt. Frauen und Mädchen verstecken ihre Gesichter hinter feiner Spitze oder steifem Tuch, man sieht Folkloregruppen auf geschmückten Wagen oder Paare hoch zu Ross. Sie alle versammeln sich auf der riesigen Piazza Italia, wo am Nachmittag getanzt und gesungen wird. Gegen Abend finden die spektakulären **Reiterturniere** statt. Das Fest hat seinen Ursprung im Jahr 1899, als König Umberto I und seine Frau Margherita Sassari besuchten und mit einem Reiterumzug begrüßt wurden.

Religiösen Ursprungs ist dagegen die **Festa dei Candelieri** (www.candelieri.org), das Fest der Kerzen, am 14. August. Dabei tragen Vertreter der neun *Gremi* (Zünfte) von Sassari über 4 m hohe, bemalte und reich mit Blumen geschmückte hölzerne Kerzenhalter mit brennenden Kerzen obenauf durch die Altstadt. Damit erfüllen sie ein Gelübde, das ihre Vorfahren anlässlich des Endes der Pestepidemie im ausgehenden 16. Jh. abgelegt hatten.

27 Porto Torres

Römische Kolonie und Geburtsstadt der wichtigsten sardischen Märtyrer Gavinus, Januarius und Protus.

Um 27 v. Chr. gründeten die Römer *Turris Libyssonis* als Umschlagplatz für Getreide. Im 10.–13. Jh. wurde der blühende Exporthafen Hauptstadt des Judikats Torres. Trotz dieser geschichtsträchtigen Vergangenheit zählt das heutige Porto Torres (22 000 Einw.) nicht gerade zu den Schönheiten der Insel. Allzu markant wird die Stadtsilhouette von den Schloten der petrochemischen Industrie geprägt, die in den 1960er-Jahren als Zeichen wirtschaftlichen Aufschwungs emporwuchsen. Dennoch entfaltet die bedeutende Hafenstadt allabendlich während der *Passeggiata* überraschenden Charme. Dann scheint sich die gesamte Bevölkerung Porto Torres auf dem zentralen **Corso Vittorio Emanuele** zu treffen. Der Boulevard ist nach Sonnenuntergang für den Autoverkehr gesperrt und in den Straßencafés bleibt kaum ein Tisch frei.

Außerdem kann Porto Torres mit der größten romanisch-pisanischen Kirche der Insel aufwarten. Trotz seiner hohen Fassade aus verwittertem Kalkstein ist **San Gavino** (Mo–Sa 8.30–13, 14.30–19, So 10.30–13, 15–19 Uhr) im eng herantretenden Häusergewirr nur schwer aus-

zumachen. Das ab dem 11. Jh. erbaute Gotteshaus steht am südwestlichen Rand des Zentrums über einer frühchristlichen Nekropole, die lange Jahre archäologisch untersucht und nun komplett zu besichtigen ist. Markenzeichen der dreischiffigen Basilika sind die klare *Gliederung* der Süd- und Nordwände durch flache Lisenen sowie ihre beiden *Chöre* im Osten und Westen. Durch ein ausladendes gotisch-katalanisches *Doppelportal* (1492) an der Südseite betritt man den langen, kargen Innenraum, in dem einige Granitsäulen mit antiken, frühchristlichen und romanischen Kapitellen Beachtung verdienen. In der *Krypta* unter dem Mittelschiff ruhen in römischen Sarkophagen die Gebeine der Märtyrer Gavinus, Januarius und Protus. Die Männer wurden auf Befehl Diokletians wegen ihres christlichen Glaubens enthauptet und ins Meer geworfen. Doch ein Wunder geschah: Am 25. Oktober 235 spülten die Wellen Körper und Köpfe aller drei Märtyrer wieder an Land. An dieser Stelle im Osten der Stadt wurde später das Kirchlein *San Gavino a Mare* errichtet, Ziel einer alljährlich am 30. Mai stattfindenden *Wallfahrt* zu Ehren des Namenspatrons.

In Hafennähe wird westlich der Bahngleise in der *Zona Archeologica* die **Colonia Romana Turris Lybissonis** ausgegraben. Bislang wurden neben den schlecht erhaltenen Thermen die beiden römischen, mit großen Trachytplatten belegten Hauptstraßen freigelegt, auch der zum antiken Hafen führende Weg, der im Wechsel von weißen Kalk- und dunklen Trachytsäulen begrenzt wird. Zum Grabungsgelände gehört das **Antiquarium**

Turritano (Tel. 079 51 44 33, im Winter Di–So 9–20, im Sommer Di–Fr, Sa 9–23, So 9–20 Uhr), in dem römische Grabbeigaben zu sehen sind.

Information

Pro Loco/Ufficio Informazioni Turistiche, Piazza Garibaldi 17, Porto Torres, Tel. 07 95 00 87 11

Bahn

Stazione FS, Via Fontana Vecchia, Porto Torres, Tel. 89 20 21 (nur in Italien, gebührenfrei), www.fsitaliane.it

Schiff

Moby Lines, Porto Commerciale, Porto Torres, Deutschland-Büro in Wiesbaden, Tel. 06 11/140 20, www.mobylines.de. Regelmäßige Fährverbindungen von Porto Torres nach Genua.

Oben: *Schön schlicht und lichtdurchflutet präsentiert sich der Innenraum der Kirche San Gavino in Porto Torres*
Unten: *Fischerboote dümpeln im Hafenbecken des hübschen Badeorts Stintino*

28 Penisola di Stintino und Isola Asinara

Wunderbare Tauchgründe und Strände im äußersten Nordwesten.

Die von kleinen Salzseen durchsetzte Halbinsel Stintino nordwestlich von Porto Torres endet bei den aussichtsreichen Klippen des **Capo Falcone**. Die kristallklaren Wasser ringsum gehören zu den schönsten *Tauchgründen* des gesamten Mittelmeers, außerdem werden sie als ergiebiges Fanggebiet von Sardinen und Langusten geschätzt. An der Ostküste der Penisola lebt der hübsche Fischer- und Badeort **Stintino** (1200 Einw.) vom regen Tourismus. Um den malerischen fjordartigen Hafen gruppieren sich kleine Bar-Restaurants, einige Boutiquen und Lebensmittelgeschäfte – ein trautes Bild. Sehr informativ ist das **Museo della Tonnara** (Porto Nuovo, Tel. 079 52 00 81, Juni–Mitte Sept. tgl. 18–23.30 Uhr, sonst auf

Ein markanter Steinturm aus dem 16. Jh. wacht über die Badenden an der Spiaggia di Pelosa

Voranmeldung), das die Geschichte des für diese Region so bedeutsamen Thunfischfangs dokumentiert.

Unübertroffener Anziehungspunkt ist jedoch die 300 m lange, von einem markanten Turm aus dem 16. Jh. überragte **Spiaggia di Pelosa** mit ihrem pulverfeinen hellen Sand. Landseitig begrenzen Wacholderbüsche und Dünen den herrlichen Küstenstreifen, der ausgesprochen flach ins Meer ausläuft.

Isola Asinara

Von Porto Torres und Stintino fahren regelmäßig Boote (Infos bei den Tourist-Informationen, s. u.) auf die der Penisola di Stintino vorgelagerte, unter Naturschutz stehende Isola Asinara. Dort betrieb der italienische Staat von 1896 bis 1998 eine Hochsicherheitshaftanstalt und schirmte die komplette Insel von der Außenwelt ab. So konnte sich außerhalb der Gefängnismauern eine faszinierende Natur entwickeln. Zahlreiche Vogelarten und niedliche kleine weiße Wildesel lassen heute die Herzen von Tierfreunden höher schlagen. Am besten erkundet man das Eiland mit seiner steilen und felsigen Westküste und seinen weißen Sandstränden im Osten im Rahmen einer geführten Tour (z. B. Scopri Sardegna, Tel. 07 94 81 66 04, www.scoprisardegna.com).

Auf der naturgeschützten Isola Asinara leben kleine weiße Wildesel

Dabei steht in der Regel auch die Besichtigung des früheren Gefängniskomplexes auf dem Programm. Individualisten gelangen per Minizug oder Bus zu den touristisch interessanten Punkten auf Asinara.

ℹ️ Praktische Hinweise

Information

Pro Loco, Via Sassari 123, Stintino, Tel. 079 52 00 81, www.infostintino.it

Parco Nazionale dell'Asinara, Via Iosto 7, Porto Torres, Tel. 079 50 33 88, www.parcoasinara.org

Tauchen

Asinara Diving Center, Porto dell'Ancora, Stintino, Tel. 079 52 70 00, www.asinaradivingcenter.it. Tauchgänge im Nationalpark.

Hotel

****Roccaruja**, Capo Falcone, Stintino, Tel. 079 52 92 00, www.gestitur.it. Große, nur im Sommer geöffnete Hotelanlage

mit eigenem Strandabschnitt sowie vielfältigem Sportangebot, u. a. Reiten und Segeln. Herrlicher Blick!

Restaurant

Silvestrino, Via Sassari 14, Stintino, Tel. 079 52 30 07, www.hotelsilvestrino.it. Bekannt gutes Fischrestaurant in einem Dreisterne-Hotel an der Hauptstraße.

29 Castelsardo

Zauberhaftes Festungsstädtchen auf einer Landzunge über dem Meer.

Die Altstadt von Castelsardo (5700 Einw.) bietet einen bezaubernden Anblick: Auf einer Landzunge schmiegen sich ihre kleinen, von einer Burgruine bewachten Häuser an den Südhang eines 114 m hohen, schroffen Felskegels.

Die Festung wurde 1102 von der genuesischen Familie Doria als Castel Genovese zur Sicherung der Meerenge von Bonifacio gegründet. Eleonora d'Arborea [s. S. 44] und Brancaleone Doria sollen nach

ihrer Heirat 1376 zehn Jahre lang in der Trutzburg gelebt haben. 1448 eroberten Spanier die Stadt und tauften sie in Castel Aragonese um. Erst mit Ende der katalanischen Herrschaft 1769 erhielt Castelsardo seinen heutigen Namen.

Am besten parkt man den Wagen auf einem der großen Parkplätze entlang der Durchgangsstraße in der Unterstadt und steigt dann ins historische Zentrum mit seinen gepflasterten Gassen, langen Treppen und dem Gewirr aus dicht stehenden pastellfarbenen Häusern hinauf. Hier finden sich zahlreiche kleine Kunsthandwerksläden, Frauen bieten vor den Haustüren selbst gemachte Korbflechtereien an und die wenigen Restaurants übertreiben es gewaltig mit den Preisen – doch dem Charme des Ursprünglichen konnten diese Zugeständnisse an den Tourismus nichts anhaben.

Etwa auf halber Höhe thront auf einer dem Meer zugewandten Felsnase die bereits im 12. Jh. errichtete, innen im 16. Jh. mit Kreuzrippengewölbe verschönte und im 17./18. Jh. mit reichem Schnitzwerk ausgestattete **Cattedrale Sant'Antonio Aba-**

te (im Sommer tgl. 10–13, 15–19 Uhr). Als Wegweiser dient das bunte Kacheldach des schlanken Glockenturmes. Die einschiffige Kirche aus dunklen, ungleichmäßigen Lavasteinen besitzt fünf tiefe, enge Seitenkapellen entlang des tonnenüberwölbten Langhauses. Sehr harmonisch wirkt die kassettierte Decke der Renaissance-Kapelle links. Die reich geschnitzte Barockkanzel und die Altäre sind ebenso wie das Orgelgehäuse farbig gefasst und vergoldet. In der Krypta zeigt das **Museo Diocesano Polo Sant'Antonio Abate** (Tel. 07 96 39 30 99, im Sommer tgl. 10–13, 15–22 Uhr, im Winter nach Vereinbarung) sakrale Kunstwerke, darunter auch die Fragmente eines Retabels (um 1500) des *Maestro di Castelsardo*: Darauf ist eine von musizierenden Engeln flankierte, mit einem herrlichen golddurchwirkten Brokatgewand bekleidete Madonna mit Kind zu sehen. Weitere Exponate sind in der Dependance des Museums im einstigen Bischofspalast (Via Marconi) zu bestaunen.

TOP TIPP Die Via Seminario führt als Treppengasse hinauf zum **Castello** (Tel. 079 47 13 80, April tgl. 9.30–13, 15–19.30, Mai tgl. 9.30–13, 15–20.30, Juni, Sept. tgl. 9.30–13, 15–21, Juli, Aug. tgl. 9–24, Nov.–Feb. Di–So 9.30–13, 15–17.30 Uhr). Von den Festungsmauern sieht man deutlich, warum die Doria diesen Platz für ihre Befestigung wählten. Vom Capo Falcone bis zum Capo Testa und häufig sogar bis zur Nachbarinsel Korsika kann man das Meer überblicken und bis weit in die südliche Anglona mit ihren hügeligen Weiden, Getreidefeldern und Olivenhainen den Norden Sardiniens überschauen. Im Kastell lohnt der Besuch des kleinen **Museo dell' Intreccio Mediterraneo**, in dem man alles über die in Castelsardo traditionelle Arbeit des Korbflechtens erfahren kann.

Ausflüge

Fast obligatorisch ist 5 km südöstlich von Castelsardo an der Kreuzung von SS 134 und SS 200 ein – wenn auch wegen des Verkehrs manchmal schwieriger – Stopp bei der **Roccia dell'Elefante**. Wind und Wetter gaben dem Felsen in etwa die Form eines Elefanten, ein beliebtes Postkarten- und Fotomotiv. Auch den Nuraghern war der einsam aufragende Stein aufgefallen und sie ›durchlöcherten‹ ihn geradezu mit kleinen Nischen für die Ascheurnen ihrer Toten.

Wunderhübsch ist die kleine frühere Abteikirche **Nostra Signora de Tergu** (tgl. 8–19 Uhr) in schöner, heute einsamer Hanglage an der kurvenreichen Provinzialstraße südlich von Castelsardo Richtung SS 127. Der einschiffige Bau wurde im 13. Jh. aus rotem Trachyt und weißem Kalkstein errichtet. Wie für pisanische Kirchen üblich, war die Fassade in Portalfeld, Bogenfries und Giebel – letzterer fehlt seit langem – dreigeteilt. Innen ist das Kirchlein unverputzt, die drei Joche kurz und durch flache Pilaster voneinander getrennt, das Querhaus und der glatte Chorabschluss wurden aus gröberen Steinen errichtet. An drei Seiten des Außenbaus sind noch Fundamente des Klosters der *Benediktiner von Monte-*

Der lustig geformte Elefantenfelsen Roccia dell'Elefante ist einen Fotostopp wert

Im Schutz der Burgruine schmiegen sich die Häuser von Castelsardo an den steilen Hang

cassino zu sehen. Heute umsäumt ein Rosengarten die Kirche, was den Eindruck eines Schatzkästchens verstärkt.

Etwa 3 km südlich von Tergu führt ein schmales Sträßchen durch landschaftlich reizvolles, von zahlreichen Bächen durchzogenes Gebiet. Im Osten erhebt sich der 530 m hohe rote Trachytberg **Monte Ruiu**. Auf einem Plateau zu seinen Füßen breitet sich nahe des Riu Altana das große Bauerndorf **Perfugas** aus. In der unteren Zone weisen Schilder mit **Complesso protosardo** den Weg hinauf ins Zentrum. 1923 stieß man dort neben der Pfarrkirche bei Aushubarbeiten auf ein nuraghisches Brunnenheiligtum aus dem 2. Jt. v. Chr. Die Einfassung aus behauenen Kalksteinen zeigt die typische Schlüssellochform. Zahlreiche Funde sind im **Civico Museo Archeologico e Paleobotanico** (Via Nazario Sauro, Tel. 079 56 42 41, Juni–Sept. Di–So 9–13, 16–20, Okt.–Mai Di–So 9–13, 15–19 Uhr) zu sehen.

Die schlichte gotische Pfarrkirche **Santa Maria degli Angeli** oberhalb der archäologischen Grabungen besitzt im Chorbereich schöne Steinmetzarbeiten. Die Kalksteinkapitelle sind mit Blumenmotiven, Engeln und Menschenköpfen geschmückt. Eine wahre Schatzkammer ist jedoch die *Cappella di San Giorgio* innen rechts. Sie birgt hinter Sicherheitsglas das *Retablo San Giorgio* eines unbekannten Meisters, das zu den Hauptwerken sardischer Malerei aus dem 16. Jh.

zählt. Aufwendige Rahmen mit vergoldetem Schnitzwerk umgeben 51 Bildtafeln, insgesamt 840 x 660 cm groß. Grünblau, Cottorot und Sand sind die dominierenden Farben des Altars, besonders schön sind die Verkündigung, die Anbetung der Heiligen Drei Könige oder die Kreuzigungsszene.

ℹ️ Praktische Hinweise

Information

Ufficio Turismo, Palazzo Eleonora d'Arborea, Via Bastione 1, Castelsardo, Tel. 079 47 02 20

Hotels

***La Baia**, Lungomare Zirulia, Castelsardo, Tel. 079 47 90 17, www.hotel residencelabaia.it. Hotel an der Durchgangsstraße mit schlichten Zimmern, Swimmingpool und Garage.

****Pensione Pinna**, Lungomare Anglona 7, Castelsardo, Tel. 079 47 01 68, www.albergopensionepinna.com. Nette Pension auf halbem Weg zwischen Kastell und Küste.

Restaurant

La Guardiola, Piazza del Bastione 4, Castelsardo, Tel. 079 47 07 55, www.ristorantelaguardiola.com. Zauberhaft auf einer Bastion gelegenes, hochpreisiges Spezialitätenrestaurant. Feine Fisch- und Nudelgerichte, schöne Aussicht.

Die Gallura und der Nordosten – modelliert von Wind und Wellen

Abwechslungsreich und landschaftlich besonders schön präsentiert sich der Nordosten Sardiniens. Das großartig gezackte Granitmassiv des Monte Limbara kündigt bereits die herrlich grüne Gallura an. In ihrem Zentrum liegt die aus Granit erbaute Stadt **Tempio Pausania** gerahmt von ausgedehnten Korkeichenwäldern. Die hiesige Küste bietet wildromantische Steingärten und immer wieder feinsandige Traumstrände. Die Krönung ist die vorgelagerte Inselgruppe **Arcipelago della Maddalena**. Die kristallklaren und artenreichen Gewässer laden zu Tauchexkursionen ein, und die Strände bereiten unbeschwertes Badevergnügen. Doch zurück nach Sardinien, denn hier locken die versteckten sandigen Buchten und stimmungsvollen Ferienanlagen der **Costa Smeralda**, die als Tummelplatz des Jetset in aller Welt bekannt wurde. Rings um das Landstädtchen **Arzachena** schließlich stehen die schönsten Gigantengräber der Insel, steinerne Zeugen eines archaischen Totenkultes.

30 Tempio Pausania

Stadt der Teppichweber inmitten uralter Korkeichenwälder.

Die Hauptstadt der Gallura liegt 570 m hoch in den Bergen auf einer Felsterrasse. Alle Gebäude des Ortes sind unverputzt, ihre Mauern wurden aus dem lokalen, dunkelgrauen *Granit* errichtet, was zunächst finster, fast abweisend wirken mag. Dennoch gehört das erstmals 1173 urkundlich erwähnte Tempio Pausania mit seinen heute 14 000 Einwohnern zu den lebhaftesten Städten des Inselinneren. Das Agrarzentrum besitzt seit 1836 Stadtrecht, ist Bischofssitz und den Sarden wegen seiner gesundheitsfördernden Mineralquelle und der hier heimischen Teppichweberei ein Begriff.

Die Altstadtgassen, auch sie mit großen Steinplatten aus Granit belegt, sind größtenteils einspurig. Viele erweisen sich überraschender Weise als Sackgassen, denn sie münden in der Fußgängerzone Via Roma, die im Osten unterhalb der zentralen **Piazza San Pietro** beginnt. An dem schmalen Platz steht die große Pfarrkirche *San Pietro* aus dem 15. Jh. mit großzügigem barocken Portal und frei

Von wilder Schönheit ist die Landschaft der Gallura bei Tempio Pausania

stehendem Glockenturm. Vor dem Gotteshaus geht es über einige Stufen nach Westen wieder hinab zur geschäftigen **Via Roma**, die von hier durch die Innenstadt zur Piazza d'Italia führt. Abends ist sie Schauplatz der *Passeggiata*, die sich bei schönem Wetter entlang des anmutigen **Viale Fonte Nuova** bis zum 1 km westlich gelegenen Park der Mineralquellen fortsetzen kann. Frisch und klar sprudelt das Heilwasser aus diesen öffentlichen **Fonti di Rinaggiu**. Das umliegende Wäldchen ist als Picknickplatz sehr beliebt.

Dazu trägt sicher auch der wundervolle Blick auf die rötliche Zackenkrone des **Monte Limbara** bei, der sich im Südosten wie eine Theaterkulisse über der Stadt erhebt. Vom 1359 m hohen Gipfel, auf den man von Tempio aus über eine 18 km lange Serpentinenstraße mit dem Auto fahren kann, überblickt man bei klarem Wetter die gesamte Gallura. Entlang des Wegs, der immerhin 850 Höhenmeter überwindet, laden zahlreiche Picknickplätze im Schatten von Lärchen, Kiefern und Zedern zur Rast.

Hübsche Andenken: Handgefertigte Teppiche und Töpferwaren aus dem Dorf Aggius

Ausflug

In einer Senke im Schatten des 789 m hohen *Monte Sozza* liegt das malerische Dörfchen **Aggius** (1600 Einw.) 6 km nordwestlich von Tempio. Die beiden Orte verbindet eine zu Recht **Strada Panoramica** genannte Trasse, die sowohl herrliche Ausblicke auf Tempio mit dem Monte Limbara als auch auf das zackige Granitmassiv bei Aggius ermöglicht. In den aus dunklem Granit erbauten Häusern wird noch die uralte Tradition der Handweberei gepflegt, vor allem der Teppichherstellung. Diese ist auch eines der zentralen Themen im **Museo Etnografico Oliva Carta Cannas** (Via Monti di Lizu 6, Tel. 079 62 10 29, www. museomeoc.com, Mai–Mitte Okt. tgl. 10–13, 15–19, Mitte Okt.–April Di–So 10–13, 15.30–17.30 Uhr). Darüber hinaus präsentiert das Museum Exponate zu vielen anderen Handwerkszweigen, zur Landwirtschaft und zum Leben in der Gallura.

ℹ️ Praktische Hinweise

Hotels

***Delle Sorgenti**, Viale delle Fonti 6, Tempio Pausania, Tel. 079 63 00 33. Zweckmäßiges Kurhotel mit Restaurant und Pool bei den Mineralquellen.

B&B Letto e Latte, Via Marsala 11, Tempio Pausania, Mobil-Tel. 032 83 54 50 22, www.bblettolatte.com. Drei gemütliche, mit viel Liebe zum Detail eingerichtete Zimmer in ruhiger Lage nahe dem Stadtzentrum.

Der Reichtum der Wälder

Im Herbst sind sie um Tempio Pausania ein alltäglicher Anblick, die hoch beladenen Lastwagen, mit denen Einheimische das wichtigste Wirtschaftsgut der Region aus den Wäldern transportieren, die **Korkeichenschalen**. Wo sie herkommen, erkennt man unschwer an den vom Kronenansatz bis zu den Wurzeln abgeschälten kahlen Stämmen. Wegen ihrer leuchtend roten Farbe sagt man auch, sie ›bluten‹. Die waldreiche Gegend zwischen Tempio Pausania und dem 10 km nördöstlich gelegenen **Calangianus** ist das Zentrum der sardischen Korkproduktion, hier bringt man 70 % der gesamten italienischen Korkernte ein.

Viel Geduld gehört zu diesem traditionellen **Handwerk**, denn die erste, noch wenig brauchbare Rinde lässt sich erst 8–10 Jahre nach dem Pflanzen der Bäume abziehen. Bis zu einem Dutzend Mal kann die Korkeiche dann geschält

werden, wobei die gewonnene Rinde immer besser, d. h. dicker und dichter, wird. Gemäß einem EU-Gesetz dürfen die Bäume heute nur noch alle zehn Jahre ihrer kostbaren ›Haut‹ beraubt werden. Die Technik, wie man die Eichen unterhalb der Krone anschneiden muss, um die Rinde mit einem Ruck in möglichst langen Streifen abzuziehen, wird von Generation zu Generation weitergegeben.

Auch die **Korkverarbeitung**, auf Sardinien vielfach noch in Heimarbeit betrieben, ist recht aufwendig. Zunächst wird die Rinde in großen Steintrögen gekocht, anschließend presst man die noch warmen Korkstücke zu Platten und lässt sie an der Sonne trocknen. Erst danach folgt die eigentliche Verarbeitung zu Flaschenkorken, Schuhsohlen, Bodenplatten, Tapeten oder zu kunsthandwerklichen Gegenständen wie Dosen, Bilderrahmen, Vasen etc.

Der Schatten der großen Palme auf der Piazza Vittorio Emanuele lädt zur Rast

31 Santa Teresa di Gallura

Fischerdorf und Ferienort beim beliebten Capo Testa mit seinen schönen Sandstränden.

Nur 12 km trennen Santa Teresa di Gallura (5000 Einw.) an der äußersten Nordküste Sardiniens vom französischen Korsika. Die **Bocche di Bonifacio**, die Meerenge zwischen beiden Inseln, besticht durch kristallklares Wasser. Man kann es ausgiebig genießen, denn die Felsen an der Küste geben immer wieder herrliche Badebuchten und Strände frei.

Die traumhaft schöne Natur ist touristisch ein Trumpf für das Hafenstädtchen, das der Piemonteser König Vittorio Emanuele I erst 1803 für korsische Siedler gründen und nach seiner Ehefrau Maria Teresa benennen ließ. Tatsächlich ist seine Lage auf einem vorspringenden Felsplateau, den tiefen Hafenfjord zu Füßen, sehr hübsch. Entsprechend wuchs der Besucherstrom an und bereits seit den 1980er-Jahren bietet entlang der rechtwinklig angelegten Straßen eine ausgewogene Hotellerie Unterkünfte für jedes Budget. Zahlreiche nette Bars und Cafés tragen das Ihre zur Beliebtheit des Ferienortes bei.

Die niedrigen Häuser der Altstadt drängen sich um die großzügige **Piazza** **Vittorio Emanuele**, den städtischen Mittelpunkt und gesellschaftlichen Treffpunkt von Santa Teresa di Gallura. Eine historische Sehenswürdigkeit besitzt der relativ junge Ort in der spanischen **Torre**

Sardische Genüsse: Wurst- und Käsestand auf dem Wochenmarkt von Santa Teresa

Bizarre Felslandschaften umschließen die kleinen Badebuchten von Capo Testa

Durch bizarre Granitfelsen

Wind und Wetter haben auf der unter Naturschutz stehenden Insel **Capo Testa** fantastische Felsformationen geschaffen und zwischen zerklüftete Granitriesen hübsche Badebuchten geschliffen, die auf einer einfachen Rundwanderung (2,5 Std.) zu erreichen sind.

Ein breiter Weg beginnt am Ende der Straße, an deren Seite man sich einen Parkplatz (im Sommer sehr voll) sucht, und führt gleich mitten hinein in die kapriziös anmutende Welt seltsamer Steingiganten. Rechts öffnet sich die idyllische **Cala Spinosa**, zu der ein Pfad hinunterführt, linkerhand steuert man auf den großen, neuen **Leuchtturm** zu, der einen herrlichen Ausblick bis zu den Küsten Korsikas gewährt. Zu Füßen dieses Leuchtturms liegt eine schöne kleine **Sandbucht**, zu der man in steilen Kehren hinabsteigen kann. Direkt von hier oder vom Leuchtturm gelangt man auf nicht immer gut sichtbarem Pfad dem oberen Küstensaum südwärts folgend nach rund 30 Minuten zu den Badebuchten **Cala dell'Indiana** und **Cala Grande**. Spektakulär ist anschließend der Weg durch die **Valle della Luna**, das von dichter Macchia begrünte und von ockerfarbenen Felsgestalten gerahmte Mondtal. Immer hangaufwärts geht es bis zu zwei riesigen Granitbrocken, hinter welchen man auf breitem Weg zwischen niedrigem Strauchwerk zurück zum Ausgangspunkt gelangt.

Aragonese. Der mächtige, zinnenbekrönte Rundturm mit im 20. Jh. angebauter Außentreppe gehörte einst zu dem längst verfallenen *Castell Longone* aus dem 16. Jh. Er steht auf einem Felsvorsprung im Norden der Altstadt, der steile Weg hinauf nimmt nur 2–3 Min. in Anspruch. Von der Terrasse am Fuß des Turmes genießt man einen stimmungsvollen Ausblick. Nach Westen erstreckt sich der beliebte, fast weißsandige Hausstrand **Rena Bianca** mit seinen bunten Umkleidekabinen. Auch der **Hafen** im Osten der Stadt ist einen Abstecher wert, denn neben Fährschiffen und Jachten liegen dort bunte Fischerboote vor Anker, die noch jeden Tag ausfahren.

Capo Testa

Vorbei an der Feriensiedlung **Santa Reparata**, einem Paradies für Surfer mit einer halbrunden Sandbucht im Norden und der **Spiaggia La Colba** im Süden, sind es nur 5 km bis Capo Testa. Das spektakuläre Kap ist durch einen nur wenige Hundert Meter langen natürlichen Damm mit der Hauptinsel verbunden. Rechts und links locken helle Sandstränder.

de, die zwar schmal sind, aber zu den schönsten Sardiniens gehören. Die Halbinsel selbst ist berühmt für ihre bizarren **Felslandschaften** entlang der Küste, die mal schroff und wild gezackt, mal in sanften, von Wind und Wellen ausgeschliffenen Rundungen zauberhafte sandige Badebuchten umschließen. Der Bauboom der letzten Jahre tat Capo Testa nicht immer gut, was seiner Beliebtheit als Ferienort freilich nicht geschadet hat.

Costa Paradiso

35 km südwestlich von Santa Teresa di Gallura erstreckt sich die Costa Paradiso, eine der beliebtesten Ferienregionen der sardischen Nordküste. Über 8 km reihen sich hier Bungalows, Restaurants und Geschäfte entlang der Küste mit ihren kleinen sandigen Buchten, die von pittoresken rosafarbenen Porphyrfelsen gerahmt werden. Einer der schönsten Sandstrände ist die von macchiabewachsenen Steilhängen umschlossene und nur über eine steile Treppe zugängliche **Spiaggia Li Cossi**, deren glasklares türkisfarbenes Wasser zum Schwimmen und Schnorcheln einlädt.

i Praktische Hinweise

Information

AAST, Piazza Vittorio Emanuele 24, Santa Teresa di Gallura, Tel. 07 89 75 41 27, www.comunesantateresagallura.it

Schiff

Moby Lines, Via del Porto, Santa Teresa di Gallura, Büro in Wiesbaden, Tel. 06 11/140 20, www.mobylines.de. Tgl. Fähren zum korsischen Bonifacio.

Saremar, Via del Porto, Santa Teresa di Gallura, Tel. 07 89 75 41 56, www.saremar.it. Während der Saison bis zu fünfmal am Tag Autofähren nach Korsika. Außerdem werden Bootsausflüge nach La Maddalena angeboten.

Hotels

****__Grand Hotel Corallaro__, Rena Bianca, Santa Teresa di Gallura, Tel. 07 89 75 54 75, www.hotelcorallaro.it. Behindertengerechtes Komforthotel mit Swimmingpool am östlichen Stadtrand. Einige Zimmer bieten einen hübschen Blick auf den Strand.

**__Bocche di Bonifacio__, Capo Testa, Tel. 07 89 75 42 02, www.bocchebonifacio.it. Einfaches Hotel mit schöner Aussicht. Im hoteleigenen Restaurant wird die traditionelle sardische Küche gepflegt. Empfehlenswert sind die Fischgerichte, z. B. Barrakuda in Weißwein gedämpft.

Canne al Vento, Via Nazionale 23, Santa Teresa di Gallura, Tel. 07 89 75 42 19. Kleine, einfache Frühstückspension mit Restaurant, südlich des Zentrums.

32 Palau

Attraktiver Hafenort mit Surfspot und interessanten Felsformationen.

Der Fähr- und Fischerort **Palau** (4000 Einw.) an Sardiniens Nordküste ist der beste Ausgangspunkt für einen Besuch des Arcipelago della Maddalena [Nr. 33]. Er bietet jedoch auch selbst ein sehr nettes Ambiente und kann zusammen mit den benachbarten Feriensiedlungen von Tauchexkursionen bis Nachtleben mit allem aufwarten, was das Touristenherz begehrt. Neben schönen Stränden wie der weißsandigen **Spiaggia Sciumara** im Westen des Ortes oder der bei Surfern beliebten Bucht von **Porto Puddu** sind die markanten Felsformationen entlang der Küste erwähnenswert. Ein beliebter Ausflug führt beispielsweise zum **Capo d'Orso** 5 km östlich von Palau. Dort haben Wind und Wetter einen hohen Felsen zu gewaltigen Formen geschliffen, die an einen Bären erinnern.

i Praktische Hinweise

Information

AAST, Via Nazionale 94, Palau, Tel. 07 89 70 95 70

Tauchen

Nautilus Diving Center, Piazza G. Fresi 8, Palau, Tel. 07 89 70 90 58, www.divesardegna.com. PADI-Tauchschule mit umfangreichem Kursangebot – auch für Kinder – und Ausrüstungsverleih. Tauchexkursionen zum Maddalena-Archipel.

Wie ein Bär sieht der von Wind und Regen geformte Felsen am Capo d'Orso aus

Traum in Blau: die kristallklaren Gewässer rund um den Arcipelago della Maddalena

Hotel

****La Vecchia Fonte**, Via Fonte Vecchia 48, Palau, Tel. 0789709750, www.hotelpa lau.it. Neues Hotel im Zentrum. Freundliche Zimmer mit Blick auf den Jachthafen, Wellnessangebote.

Restaurants

Da Robertino, Via Nazionale 20, Palau, Tel. 0789709610. Exquisite Fischgerichte in rustikal stilvollem Ambiente (Reservierung ratsam).

TOP TIPP **La Gritta**, Porto Faro, 2 km nordwestlich von Palau, Tel. 0789708045, www.ristorantelagritta.it. Das freundlich geführte Gourmetrestaurant ist bekannt für seine Fischspezialitäten und die traditionellen sardischen Gerichte. Mit Wintergarten und schönem Blick über die Inseln des Maddalena-Archipels (außerhalb der Urlaubszeiten Mi geschl.).

33 Arcipelago della Maddalena

Naturschönheiten, umgeben von einem Unterwasserparadies.

Die sieben Inseln La Maddalena, Caprera, Santo Stefano, Spargi, Budelli, Santa Maria, Razzoli (insgesamt 12000 Einw.) und viele kleinere Felsen – Reste einer vor Jahrmillionen versunkenen Landbrücke zwischen Sardinien und Korsika – bilden

TOP TIPP den **Parco Nazionale Arcipelago della Maddalena** (Tel. 0789790224, www.lamaddalenapark.it). Der Wasser- und Naturschutzpark umfasst rund 130 km², davon 60 km² zu Lande und 70 km² zu Wasser. **Taucher** geraten angesichts der vielfältigen Unterwasserwelt ausnahmslos ins Schwärmen: Zerklüftete Granitwände oder Höhlen sind die Heimat von Bärenkrebsen, Langusten und Muränen, etwas tiefer bieten wogende Seegraswiesen, gelbe Krustenanemonen sowie rote Gorgonien ein farbenpräch-

tiges Schauspiel. Dazwischen tummeln sich Drachenköpfe, Mönchsfische, Seriolas, Brassen und immer wieder kapitale Zackenbarsche.

Alle Inseln des Archipels sind der Öffentlichkeit zugänglich, und ein Tagesausflug reicht kaum, um sie in ihrer vollen Schönheit zu erfassen.

Geschichte Zwar wurden auf der mit 20 km² größten Insel, La Maddalena, Reste einer prähistorischen Siedlung gefunden, doch eine nennenswerte Erschließung erfolgte erst Anfang des 18. Jh. Eingewanderte **Korsen** lebten hier in relativer Freiheit. Da sie weder Zölle noch Steuern zahlen mussten, brachten sie es zu einigem Wohlstand. 1767 überzeugte piemontesisches Militär die Inselbewohner, sich Sardinien anzuschließen. Die einstigen Korsen zogen nun von der kleinen Hochebene an die Südküste und gründeten dort 1770 die Hafenstadt La Maddalena. 1855 ließ sich der italienische Freiheits-Kämpfer **Giuseppe Garibaldi** auf der Nachbarinsel Caprera nieder. 1887 begannen die Italiener mit dem Ausbau La Maddalenas zur **Seefestung**. Die ebenfalls zu dieser Zeit entstandenen ansehnlichen Gebäude prägen noch heute das Gesicht der Inselhauptstadt. In ihrem Osten, auf dem riesigen Gelände des einstigen Mili-

tärhafens, ließ die italienische Regierung ein supermodernes Hotel- und Kongresszentrum inklusive Jachthafen für den G8-Gipfel 2009 erbauen. Wegen des Erdbebens in L'Aquila wurde das Treffen der Supermächte allerdings kurzfristig dorthin verlegt. Nun hoffen die Bewohner von La Maddalena auf die Belebung des Luxustourismus à la Costa Smeralda für zahlungskräftige Feriengäste.

Isola della Maddalena

Täglich steuern Autofähren von Palau oder Santa Teresa di Gallura aus den regen Hafen von *La Maddalena* (11 500 Einw.) an. Von hier aus kann man die gleichnamige Insel sowie das durch einen Damm mit ihr verbundene Eiland Caprera mit dem Wagen erkunden.

Doch zuvor lohnt ein Bummel durch die hübsche Kleinstadt am Fuße des Hügels *Guardia Vecchia*. Ihr Herz schlägt an der großen Piazza Garibaldi, die zum Meer hin mit schmiedeeisernen Laternen geschmückt ist. Neuere Häuser wurden harmonisch an die pastellfarbigen Bauten im Neorenaissance-Stil aus dem 18./19. Jh. ringsum angepasst. Dahinter erstreckt sich die enge Altstadt mit der belebten Fußgängerzone.

Folgt man von der Piazza Garibaldi aus dem Schild ›Strada Panoramica‹ nach Norden, sieht man im Ortsteil *Mongiardino* rechts den schlichten Bau des **Museo Archeologico Navale Nino Lamboglia** (Tel. 07 89 79 06 33, www.lamaddalena.it/

Im Wasser des Hafenbeckens spiegeln sich die beleuchteten Häuser von La Maddalena

museo_lamboglia.htm, Mo–Sa 10–13 Uhr). Das kleine Museum für Unterwasserarchäologie zeigt Funde, vor allem Keramik und Hausrat, aus einem um 100 v. Chr. vor der Nachbarinsel Spargi gesunkenen römischen Transportsegler.

Die **Strada Panoramica** führt weiter zu den landschaftlichen Höhepunkten der Insel. In teilweise scharfen Kehren windet sich die Straße in beständigem Auf und Ab durch die bizarre Küstenlandschaft mit vom Wind zerklüfteten Granitfelsen. Von hoch oben sind kleine und winzige Sandstrände an tiefen Fjorden zu sehen. Gut erreichbar, auch mit dem Auto, ist beispielsweise die grobsandige **Cala Spalmatore** im Norden, die in ihrem Scheitelpunkt eine Mole für Sportboote besitzt. Das benachbarte, von Granitfelsen eingerahmte **Porto Massimo** verfügt über eine Feriensiedlung mit Jachthafen, Tauch- und Segelschule. Ein fast weißer Sandstrand und kleine Dünen formen ein Stück weiter die **Baia Trinità**.

Immer wieder zweigen Wege zur Guardia Vecchia ab, der höchsten Erhebung der Insel. Auf ihrem 146 m hohen Gipfel steht die **Fortezza di Guardia Vecchia**, von der aus man die Stadt La Maddalena sowie weite Teile der Insel, des Archipels und Sardiniens überblickt. Die Festung stammt aus dem 18. Jh. und wurde im 19. Jh. um Kanonenstellungen erweitert. Auch wer sich nicht für Militärisches erwärmen kann, sollte einen Blick auf die geschickt in die Granitfelsen eingefügte Anlage werfen. Man erkennt kaum, wo der Fels aufhört und die Mauer der Festung beginnt.

Isola di Caprera

Über den **Passo di Moneta**, einen 600 m langen Damm, ist La Maddalenas Hauptort mit der knapp 16 km² großen Isola di Caprera verbunden. Diese besteht auch größtenteils aus Granit, ist aber dicht mit hohen Pinien und duftender Macchia bewachsen. Die wilde Schönheit berührte schon Giuseppe Garibaldi, der sich in seiner zweiten Lebenshälfte auf Caprera niederließ. Die Italiener verehren ihren Freiheitskämpfer so sehr, dass seine **Casa Garibaldi** im Inselinneren zum Nationaldenkmal erklärt wurde und heute

Für Volk und Vaterland

Giuseppe Garibaldi (1807–1882), der in Nizza geborene Sohn einer Fischerfamilie, begann seine **Militärlaufbahn** in der Marine des Königreiches Sardinien-Piemont. 1833 schloss sich Garibaldi Mazzinis Freiheitsbewegung an, musste aber nach einem missglückten Aufstand gegen die Monarchie 1834 ins Exil nach Südamerika flüchten. Als 1848 in Italien die Revolution begann, kehrte er zurück und kämpfte in der Lombardei erfolgreich gegen die Österreicher. 1849 jedoch scheiterte die ausgerufene römische Republik und wieder ging Garibaldi ins amerikanische Exil. Nach-

dem er die Erlaubnis zur Rückkehr nach Italien erhalten hatte, ließ er sich auf Caprera nieder, wo er ab 1855 als Landwirt lebte.

Trotz seiner Arthrose schloss Garibaldi sich aber 1859 erneut der italienischen Freiheitsbewegung an. Sein militärisches Engagement und sein Wagemut brachten ihm den Ehrentitel **Leone di Caprera**, Löwe von Caprera, ein. Zu den berühmtesten Feldzügen Garibaldis gehört die **Spedizione dei Mille**, der Zug der Tausend in Richtung Sizilien, das er mit seinen Freiwilligen 1860 in kurzer Zeit eroberte. Von dort aus setzte er aufs italienische Festland über und vertrieb mithilfe piemontesischer Truppen auch die Bourbonen. In Begleitung von König Vittorio Emanuele II zog Garibaldi 1861 in Neapel ein. Damit waren die Vorraussetzungen für die Gründung des Königreichs Italien geschaffen. Seine militärischen Verdienste, aber auch sein Widerspruchsgeist und seine hitzige Natur machten aus Giuseppe Garibaldi schon zu Lebzeiten den Nationalhelden des **Risorgimento**, des italienischen Freiheitskampfes schlechthin. 1882 starb der Kämpfer friedlich auf Caprera.

Schroffe Gebirgsstöcke überragen die Häuser des Landstädtchens Arzachena

als **Museo del Compendio Garibaldino** (Tel. 0789727162, www.compendiogaribaldino.it, Di–So 9–20 Uhr) im Rahmen von Führungen besichtigt werden kann. Im Wohnhaus stehen Rollstühle, die der schwer an Arthrose erkrankte Garibaldi in seinen letzten Jahren zur Fortbewegung benötigte. Nach dem Gang durch Küche, Speisekammer und das schlichte Arbeitszimmer kann man auch das Sterbebett Garibaldis betrachten. Wie damals steht es mit Blick auf Korsika, ist aber nun hinter Glas und schmiedeeisernen Gittern gesichert. Im Garten führt ein gepflasterter Weg durch Macchia zur *Familiengrabstätte*. Hier liegt Garibaldi in einem Sarkophag aus unbehauenem Granit, ringsum fanden fünf seiner acht Kinder und seine dritte Frau Francesca Armosino ihre letzte Ruhestätte.

Von *Stagnali*, dem einzigen Ort Capreras im Inselsüden, führen Bootsausflüge zu den schönsten Stränden der Nachbarinseln, etwa zur strahlend weißen Cala Corsara auf **Spargi**.

ℹ Praktische Hinweise

Information

Pro Loco, Via Principe di Napoli 16, La Maddalena, Tel. 0789739165, www.lamaddalena.it

Schiff

Saremar, Via Amendola 15, La Maddalena, Tel. 0789735298, www.saremar.it. Tgl.

Verbindungen zwischen Palau und La Maddalena (Fahrzeit 20 Min.). Ein Preisvergleich mit Enermar (www.enermar.it) und Delcomar (www.delcomar.it) lohnt.

Tauchen

Sea Wolrd Scuba Center, Piazza XXIII Febbraio, Cala Gavetta, La Maddalena, Tel. 0789737331, www.seaworldscuba.com. Tauchgänge im Naturschutzgebiet.

Hotel

×××**Delle Isole**, Via Principe Amedeo 19, La Maddalena, Tel. 0789737080, www.hoteldelleisole.it. Freundliches, kleines Hotel mit reizvoller Panoramaterrasse, nur wenige Meter von Ortszentrum und Hafen entfernt.

Restaurant

Mangana, Via Mazzini 2, La Maddalena, Tel. 0789738477. Kleines Restaurant im Hafenviertel mit galluresischer Küche.

34   Arzachena

Das Städtchen lädt zu einer spannenden archäologischen Rundreise ein.

Auf einem Hügel 3 km westlich des lang gezogenen Golfo di Arzachena stehen die pastellfarbenen Häuser Arzachenas (12500 Einw.). Herz der kleinen Stadt ist die **Piazza Risorgimento** mit dem Rathaus, der Chiesa Maria della Neve (1776)

Der niedrige Eingang zum Gigantengrab von Li Lolghi besaß wohl symbolischen Charakter

Bauten für die Ewigkeit

So riesenhaft sind die Megalithsteine der um 2000 v. Chr. entstandenen Kollektivgräber im Norden Sardiniens, dass der Volksmund sie nur **Tombe dei Giganti**, Gigantengräber, nennt. Tatsächlich handelt es sich um Begräbnisstätten aus vornuraghischer und nuraghischer Zeit. Sie bestehen aus einem in die Erde eingelassenen, gänzlich mit großen Steinplatten verkleideten Grabkorridor, über dem ursprünglich ein Erdhügel aufgeschüttet war. Später wurden außen um den Eingang bis zu 6 m hohe Steinplatten als **Stelen** aufgestellt. Sie umringen die **Exedra**, einen kreis- oder halbkreisförmigen Platz, der kultischen Zwecken diente.

Manche Sarden halten die Steinsetzungen für **magische Orte**. Sie besuchen eine Tomba dei Giganti, um am Eingang der Hauptstele die angeblich vorhandenen Energieströme zur Heilung von körperlichen Beschwerden und zur geistig-seelischen Stabilisierung zu nutzen.

Auch in der wilden Heidelandschaft rund um Arzachena finden sich viele interessante **Archäologische Stätten** (in der Regel April–Sept. tgl. 9–19, Okt.–März tgl. 9–17 Uhr), zu denen man eine kleine Rundreise mit dem Auto unternehmen kann. Ausgangspunkt ist der Parkplatz an der SS 125 am südlichen Ortseingang. Im hiesigen Informationszentrum erhält man eine detaillierte Straßenkarte sowie Tickets für die Ausgrabungen. Auf der gegenüberliegenden Straßenseite kann man sogleich die Überreste des mehrtürmigen **Nuraghen Albucciu** (ab 1600 v. Chr.) inspizieren, der einst ein Rundhüttendorf überragte.

Wer gut zu Fuß ist, erklimmt vom Parkplatz aus in ca. 30 Min. den Hügel Sarra di Malchittu mit dem **Tempietto di Malchittu** (um 1500 v. Chr.). Durch die Reste eines Vorraums gelangt man in den Kultraum, dessen Grundriss an ein Boot erinnert. Hier brannte einst ein rituelles Feuer und auf der steinernen Bank wurden wohl die Opfergaben ausgebreitet.

Nun geht die Fahrt Richtung Westen zum Gigantengrab **Coddu Ecchju** (um 2000 v. Chr.) an der Landstraße zwischen Arzachena und Luogosanto. Sichelförmig aufgestellte Steinplatten flankieren hier die 4 m hohe Hauptstele, die unten einen nur 50 cm breiten Durchlass zum 10 m langen Grabkorridor aufweist. Das winzige Tor, das die Rundbogenform der Stele wiederholt, symbolisierte möglicherweise den Übergang vom Diesseits ins Jenseits. Seit 2009 kann man auch die Siedlung, zu der die Begräbnisstätte gehörte, besichtigen: Die Reste der Rundhütten liegen im Schutz der Nuraghe La Prisciona nur wenige Hundert Meter südwestlich auf dem Hügel Capichera.

Nach weiteren 3 km auf der Straße Richtung Luogosanto ist das Gigantengrab **Li Lolghi** aus der Zeit um 1800–1200 v. Chr. ausgeschildert. Es besteht aus einer über 3 m hohen, fein gestalteten Stele und einem Grabgang von 27 m Länge.

Eine weitere Begräbnisstätte, die Nekropole **Li Muri** (ab 3500 v. Chr.), liegt 2 km westlich von Li Lolghi. Man sieht mehrere Steinkreise, die vermutlich einst die Erosion der Grabhügel verhinderten. In ihrem Zentrum ragen Steinplatten aus dem Boden. Sie sind die Überreste von Kastengräbern, in denen Menschen in hockender Stellung bestattet wurden. In den kleineren Steinkästen daneben wurden vermutlich Speiseopfer dargebracht. Wertvolle Grabbeigaben wie Perlen,

sowie einer Handvoll Cafés und Bars. In der nahen Fußgängerzone weisen Schilder den Weg zum **Fungo**, einem imposanten Granitblock am östlichen Ende der Via Limbara, den Wind und Regen zu einem Pilz mit breitem Hut geformt haben. Wie Scherbenfunde belegen, diente der Fungo schon in der Jungsteinzeit (um 3000 v. Chr.) kultischen Zwecken.

Steinäxte und eine Tonschüssel (heute im Museo Archeologico Nazionale in Sassari, s. S. 75) deuten darauf hin, dass in Li Muri Oberhäupter eines vornuraghischen Hirtenvolkes bestattet wurden.

ℹ️ Praktische Hinweise

Information
Ufficio Turismo, Piazza Risorgimento, Arzachena, Tel. 07 89 84 40 55, www.arzachena-costasmeralda.it. Auch Vermittlung von Führern zu den archäologischen Stätten.

35 Baia Sardinia

Ferienort an sandiger Bucht mit reizvollem Macchia-Hinterland.

8 km weit reicht der fjordähnliche **Golfo di Arzachena** von der Küste in die grüne Landschaft der Gallura hinein. An seinem nord-östlichen Ende liegt die beliebte Feriensiedlung Baia Sardinia. Ihren Mittelpunkt bildet die großzügige, als Fußgängerzone ausgewiesene *Piazza*, die von Cafés, Restaurants und Boutiquen umgeben ist. Sie liegt oberhalb des hellsandigen Hausstrandes, den man einfach **Spiaggia di Baia Sardinia** nennt. Er ist zwar nur 200 m lang, aber einladend mit Liegen und Sonnenschirmen ausgestattet. Darüber hinaus verstecken sich entlang der Küste, gesäumt von duftenden Macchiabüschen und Schirmpinien, einige andere hübsche Sandbuchten zwischen glatt geschliffenen Felsen.

Spaß für Kinder bietet der nahe Wasserpark **Aquadream** (Località La Crucitta, Tel. 078 99 95 11, www.aquadream.it, Mitte Juni–Mitte Sept. tgl. 10.30–18 bzw. 19 Uhr) mit mehreren Riesenrutschen.

ℹ️ Praktische Hinweise

Hotels
****Club Hotel Baia Sardinia**, Spiaggia di Baia Sardinia, Tel. 078 99 90 06, www. clubhotelbajasardinia.it. Das beliebte Haus mit kleinen Zimmern direkt am Hauptstrand besitzt auch einen überschaubaren Privatstrand hinter dem Pinienwald. Vielfältiges Sportangebot (Winter geschl.).

****Porto Piccolo**, Località Porto Piccolo, Baia Sardinia, Tel. 078 99 95 01, www. hotelportopiccolo.it. Attraktives Apartmenthotel am Meer mit Swimmingpool, Tennisplätzen und zwei Restaurants.

Restaurants
Baia Blu, Piazza Centrale, Baia Sardinia, Tel. 078 99 90 85. Freundliches Restaurant mit Fischspezialitäten und Krustentieren. Qualitätvoll und höherpreisig.

L'Approdo, Spiaggia di Baia Sardinia, Tel. 078 99 90 60, www.ristorantelapprodo bajasardinia.com. Direkt am Strand gelegene Pizzeria mit Terrasse und Bar. Höherpreisig (Winter geschl.).

Nachtleben
Phi Beach, Forte Cappellini, Baia Sardinia, Tel. 07 89 95 50 12, www.phibeach.it. Schicke Openair-Lounge am Strand.

Nächtlicher Lichterzauber in der Diskothek Ritual an der Baia Sardinia

Makellose Schönheit stellen die smaragdgrünen Capriccioli der Costa Smeralda zur Schau

Ritual, Via Porto Cervo, Baia Sardinia (ca. 1 km südlich Richtung Costa Smeralda), Mobil-Tel. 033 96 86 65 33, www.ritual.it. In der gut besuchten Diskothek ist Tanzen bis zum frühen Morgen angesagt (nur im Sommer).

36 Costa Smeralda und Porto Cervo

Wahr gewordener Traum vom Ferienidyll an Sardiniens schönster Küste.

Rund 20 km lang ist die Costa Smeralda, die **Smaragdküste**, deren romantische, zerklüftete Uferlinie das klare, smaragdgrün schimmernde Wasser des Mittelmeers von Porto Cervo im Norden bis zum Golfo di Cugnana im Süden begleitet. Die Küste ist geprägt von vielgestaltigen Felsbuchten, doch auch lange, Sandstrände wie die der *Cala di Volpe*, der Bucht des Fuchses, gehören zur Costa Smeralda.

Anziehungspunkt für betuchte Reisende ist Porto Cervo, übersetzt Hafen des Hirsches, der Edelferienort Sardiniens. Er entstand in den 1960er-Jahren auf dem Reißbrett nach einer Idee von Aga Khan [s. S. 100], dem sagenhaft reichen Oberhaupt der islamischen Ismailiten.

Das Ortsbild wirkt harmonisch, die kleinen Häuser im neosardischen Stil schmiegen sich an die sanft ansteigende Bucht. Rundbögen und offene Loggien, enge Treppengassen und künstlich ab-

blätternder pastellfarbener Putz sollen den Eindruck eines alten, natürlich gewachsenen mediterranen Dorfes erwecken. Die meisten der großen Jachten

liegen an den Molen der modernen **Marina** im Westen um den *Yacht Club* vor Anker. Einige dümpeln allerdings auch im malerischen *Porto Vecchio*, der sich bis in einen lang gestreckten Meeresarm im Osten der Bucht hineinzieht. Auf der aussichtsreichen Terrasse darüber wurde die großzügige *Piazza* angelegt, auf der sich das mondäne Leben wohlhabender Urlauber und Jachtbesitzer abspielt – feine Boutiquen, Immobilienfirmen und hochpreisige Restaurants inklusive.

Zwischen Piazza und Marina steht das Kirchlein **Santa Maria di Stella**, auch *Stella Maris* genannt, das in den 1960er-Jahren ebenfalls in einer Mischung aus maurischem und neosardischem Stil errichtet wurde. Strahlend weiß sind die Mauern des Gotteshauses, die Ziegeldächer leuchten rot in der Sonne. Das Gebäude wirkt wie aus Knetmasse geformt: Das schmale Vordach stützt sich auf unbehauene Granitquader, die an Stelen von Gigantengräbern erinnern. Der sich etwas

Riesige Luxusjachten ankern in der Bucht von Porto Cervo, Ferienort der Superreichen

verjüngende Glockenturm, der einem engen Nuraghen ähnelt, scheint aus der geschwungenen Fassade herauszuwachsen. Innen ist Santa Maria mit einigen Kostbarkeiten ausgestattet: Die Holzbänke wurden aus dem duftenden Holz alter Wacholderbüsche geschnitzt, die beiden Weihwasserbecken sind Riesenmuscheln aus Polynesien, die kleine Orgel (16. Jh.) stammt aus Neapel. Doch die Krönung ist das *Altarbild*, eine Mater Dolorosa von El Greco (um 1541–1614). Wie in einer Legende kam die Kirche zu dieser Spende: Ein Mädchen aus dem Hause Thyssen war sehr krank. Seine Mutter schwor, sie werde der Kirche in Porto Cervo das kostbare Gemälde El Grecos schenken, sollte ihre Tochter genesen. Das Wunder geschah und Aga Khan konnte zusammen mit dem Pfarrer Don Raimondo Fresi das wertvolle Geschenk entgegennehmen.

TOP TIPP Etwa 7 km südlich von Porto Cervo ist die Halbinsel **Capriccioli** gesäumt von den zauberhaftesten Miniaturbuchten der Costa Smeralda. Sie verstecken sich zwischen glatten Felsen, deren Farben von sandbeige über röt-

liches Ocker bis grauviolett reichen. An den Wochenenden tummeln sich hier sardische Familien, die Kinder plantschen in den kleinen natürlichen Becken. Die Felsen von Capriccioli sind frei zugänglich, sogar ein Linienbus fährt im Sommer von den wichtigsten Ferienorten der Umgebung hierher.

Unweit südlich davon setzt die **Cala di Volpe** der Costa Smeralda sozusagen die Krone auf. Zentrum der Bucht ist das gleichnamige luxuriöse Ferienhotel (s. u.), ein großer, wie ein Fischerdorf angelegter Komplex mit eigenem kleinen Jachthafen. Beiderseits locken zwei lange Sand-

stränd, die auch von auswärtigen Gästen benutzt werden dürfen. Hinter dem Hotel befindet sich in leichter Hanglage Sardiniens schönster Golfplatz *Il Pevero* (www.golfclubpevero.com).

ℹ Praktische Hinweise

Hotels

TOP TIPP *****L **Cala di Volpe**, Località Cala di Volpe, Tel. 07 89 97 61 11, www.caladivolpe.com. Luxus pur in fantasievollem Ambiente. Am Steg des Privatstrandes legen die Jachten des internationalen Jetset an, der sich

---

Das moderne Großreich des Aga Khan

Zu Beginn der 1960er-Jahre führte nicht einmal eine Straße zu den herrlichen Buchten im Nordosten Sardiniens. Es gab keine Wasserleitung und keinen Strom, geschweige denn Telefon. Dieses Stück der Gallura stand auf keinem Entwicklungsplan. In den smaragdgrünen Wassern vor der zerklüfteten Küste machte 1961 **Prinz Karim Aga Khan**, das superreiche religiöse Oberhaupt von 20 Mio. Ismailiten, auf seiner Jacht Urlaub. Der Prinz war damals gerade 25 Jahre alt, doch bereits überaus geschäftstüchtig. Und er erkannte sofort das touristische Potenzial der wunderschönen Landschaft.

Architektur im Einklang mit der Natur – das Hotel Cala di Volpe an der Costa Smeralda

Unter dem Arbeitstitel **Costa Smeralda** machte sich der Harvard-Absolvent ans Werk: 1962 kaufte er mit einer Reihe weiterer Investoren 236 km² felsiges, für die Landwirtschaft unbrauchbares Land an der Küste auf. Er gewann die Inselregierung für die Schaffung der notwendigen Infrastruktur – Straßenbau, Kanalisation und Stromzufuhr – sowie berühmte Architekten für die Planung der Bebauung.

Speziell für Porto Cervo entwarf der Mailänder Luigi Vietti den **neosardischen Stil** mit geschwungenen Fronten in zarten Farben. Cala di Volpe, das exklusivste Hotel vor Ort, und einige Privatvillen plante Jacques Couëlle, der 1975 in die Académie Française gewählt wurde. Es wurde an nichts gespart und bald zog es die Reichen und Schönen in das perfekt erschlossene Urlaubsparadies. Namen wie Roger Moore, Brigitte Bardot, Mick Jagger, Lady Di und Prince Charles sorgten für Gesprächsstoff und zogen weitere Gäste der **High Society** an. Und auch wenn inzwischen immer mehr Normalsterbliche ihre Ferien an der Costa Smeralda verbringen, so bleibt sie doch ein teures Pflaster.

Ebenfalls Bestand hat der behutsame **architektonische Ansatz**, der Neubauten in die Felsen der Gallura integriert, manche Häuser scheinen geradezu aus ihnen heraus zu wachsen. Hier lässt sich studieren, wie man sich von der Natur inspirieren lassen kann, statt sie niederzubauen. Doch auch dieses Paradies hat Schönheitsfehler, bedenkt man, dass z. B. der Golfplatz mit kostbarem Trinkwasser gegossen wird.

Terrasse mit Aussicht: schmuckes Ferienhaus an der exklusiven Costa Smeralda

anschließend bei Wassersport, Tennis und Golf oder Wellness vergnügt.

*****L **Pitrizza**, Località Liscia di Vacca, Porto Cervo, Tel. 07 89 93 01 11, www.pitrizzahotel.com. Zauberhaftes, ruhiges Hotel mit Flachbungalows (40 Zimmer, 16 Suiten) an einer kleinen Sandbucht mit Jachtanleger.

******Rocce Sarde**, Località Milmeggiu, San Pantaleo, Tel. 078 96 52 65, www.roccesarde.com. Landhotel inmitten der wilden Gallurafelsen oberhalb der Küste mit gutem Preis-Leistungsverhältnis. Pool im Steineichenwald. Sehr gute Küche, wöchentlich sardischer Abend.

***Residenza Capriccioli**, Località Capriccioli, Tel. 078 99 60 16, www.residenzacapriccioli.de. 33 Ferienapartments nahe den Felsbuchten von Capriccioli. Mit Pool und Tennisplatz.

Restaurants

Da Gianni Pedrinelli, Porto Cervo, an der Provinzialstraße (Kreuzung zum Pevero Sud, 1,5 km), Tel. 078 99 24 36, www.giannipedrinelli.it. Teureres, viel gelobtes Restaurant mit Sommerterrasse (im Winter geschl.).

La Petronilla, Località Sa Conca, Porto Cervo, Tel. 078 99 21 37. Gute Fischküche und toskanische Spezialitäten.

Nachtleben

Billionaire, Località Golfo Pevero, Porto Cervo, Tel. 078 99 41 92, www.billionaireclub.it. Edeldisco in einer Villa mit feinem Restaurant und Pool. Allein der Eintritt kostet bereits bis zu 100 €.

37 Olbia

Bedeutender Hafen und angenehme Einkaufsstadt mit kleinem historischen Zentrum.

Nur wenige Kilometer südlich der Costa Smeralda liegt Olbia (52 000 Einw.) an den flachen Ufern des fjordartigen **Golfo di Olbia**. Dieser wird im Norden von der Halbinsel mit dem Hafenort *Golfo Aranci* begrenzt, im Süden von einem bis zu 219 m aufragenden Höhenzug, der am *Capo Ceraso* endet. Vor dem Kap liegt die bis 558 m hohe, lang gestreckte **Isola Tavolara** mit größtenteils senkrecht abfallenden Klippen.

Im 3. Jh. war das heutige Olbia unter dem Namen **Fausania** ein bedeutender römischer Hafen. Aus ihm entwickelte sich eine mittelalterliche *Città*, die dem Judikat Gallura als Bollwerk gegen Sarazenenüberfälle diente. Unter der anschließenden pisanischen und spanischen Herrschaft verlor die **Città Terranuova** jedoch immer mehr an Bedeutung. Seit 1939 trägt die Hafenstadt den Namen Olbia und erblühte Anfang der 1960er-Jahre mit Ausbau der Costa Smeralda als neues Tor nach Sardinien. Über den Fährhafen an der Mole *Isola Bianca* reisen jährlich rund 700 000 Touristen ein, rund 1,8 Mio. landen auf dem Flughafen 4 km südlich der Stadt.

Das historische Zentrum Olbias zwischen den Häfen *Porto Romano* im Norden und *Porto Turistico* im Süden ist verkehrsberuhigt, und der **Corso Umberto I** lädt zu einem vergnüglichen Schaufensterbummel ein.

Folgt man dem Corso stadtauswärts und biegt nach Überqueren der Bahnschienen rechts in die Via Sassari ein, erreicht man schnell die romanische Pfarrkirche **San Simplicio** (tgl. 7.30–13, 15.30–18 Uhr) aus dem 11./12. Jh. Die dreischiffige Basilika besteht aus grauem Granit, ihre klar gegliederte Fassade mit Rundbogenfries zeigt nur wenige, dafür umso auffälligere Schmuckelemente. Das schmale, schlichte Hauptportal schließt mit einer Lünette ab. Links davon ist eine kleine Reliefplatte mit Mensch- und Tierdarstellungen angebracht, die vermutlich byzantinischen Ursprungs (6.–8. Jh.) ist. Der Innenraum mit seinen rohen Steinwänden wirkt sehr lang. Tatsächlich wurde der Bau im 12. Jh. von fünf auf sieben Joche erweitert. Diese ruhen abwechselnd auf Pfeilern und Säulen, deren Kapitelle unterschiedliche Reliefdarstellungen aufweisen, so z. B. die Köpfe von Menschen und Widdern.

Nahe dem Porto Turistico, auf dem winzigen *Isolotto di Peddone*, bietet das **Museo Archeologico** (Mo–Mi 10–13, 16–18, Do, Fr 16–18 Uhr) in einem großen modernen Betonbau zahlreiche nuraghische, phönizische, griechische, punische und römische Funde aus Olbia und Umgebung, darunter auch die Reste zweier römischer Schiffe, die man mitsamt Ladung heben konnte.

Ausflug

Gleich hinter dem Industriehafen von Olbia Richtung Golfo Aranci zweigt eine schmale Straße (ausgeschildert: Cala Saccaia) zum **Pozzo Sacro Sa Testa** (April–Okt. tgl. 9–18 Uhr) ab. Der Brunnentempel aus nuraghischer Zeit besitzt einen runden Hof, auf dem wohl Rituale stattfanden, und einen trapezförmigen gepflasterten Vorraum mit Bankaltären. Über 17 Stufen steigt man hinunter in den runden, feuchten Hauptraum des Wasserheiligtums, das, wie Scherbenfunde belegen, später auch von Puniern und Römern genutzt wurde.

ℹ Praktische Hinweise

Information

AAST, Via Nanni 39, Olbia, Tel. 078 95 21 04 oder 07 89 55 77 32, www.olbiaturismo.it

Flughafen

Aeroporto Internazionale Olbia-Costa Smeralda, Tel. 07 89 56 34 44, www.geasar.it, 4 km östlich von Olbia. Vom internationalen Terminal fahren Linienbusse Richtung Innenstadt ab. Turmo Travel, Tel. 078 92 14 87, www.gruppoturmotravel.com, ASPO, Tel. 07 89 55 38 56, www.aspo.it, und ARST, Tel. 07 89 21 97, bieten Busverbindungen zu den meisten Orten der Insel.

Bahn

Stazione FS, Via Giacomo Pala, Olbia, Tel. 89 20 21 (nur in Italien, gebührenfrei), www.fsitaliane.it

Bus

Busbahnhof, Corso Umberto I, Olbia. Von hier fahren Busse von ASPO und ARST zu allen größeren Orten der Insel.

Schiff

Corsica & Sardinia Ferries, Golfo Aranci, Tel. 078 94 67 80, www.corsicaferry.de. Tgl. Fähr- bzw. Schnellbootverbindungen mit Civitavecchia und Livorno.

Moby Lines, Stazione Marittima, Olbia, Tel. 078 92 79 27, oder Deutschland-Büro in Wiesbaden, Tel. 06 11/140 20, www.mobylines.de. April–Okt. tgl. Fähren nach Genua, Livorno und Civitavecchia.

Tirrenia Navigazione, Stazione Marittima, Olbia, Tel. 89 21 23 (nur in Italien, gebührenfrei), www.tirrenia.it. Fähren nach Genua, Civitavecchia und Arbatax.

Hotels

****Martini**, Via D'Annunzio 21, Olbia, Tel. 078 92 60 66, www.hotelmartiniolbia.it. Das erste Haus am Platz liegt unmittelbar nördlich des Altstadtzentrums. Von der Dachterrasse genießt man die Aussicht auf Stadt und Hafen.

****S´Ollastu**, Costa Corallina 10 km südlich von Olbia, Tel. 078 93 67 44, www.ollastu.it. Familiär geführtes Ferienhotel in mediterranen Formen und Farben mit herrlichem Tavolara-Blick. 60 Zimmer in Reihenbungalows, Pool, eigener Strandabschnitt, Tennis. Großzügiges Restaurant mit Terrasse und sehr guter Küche.

***Cavour**, Via Cavour 22, Olbia, Tel. 07 89 20 40 33, www.hotelcavourolbia.com. Zentral in einem historischen Stadtpalazzo eingerichtetes Hotel mit 21 gemütlichen Zimmern, Terrasse und eigenem Parkplatz.

Der Vorhof des Pozzo Sacro Sa Testa war in nuraghischer Zeit wohl Schauplatz von Ritualen

Restaurants

Gallura, Corso Umberto I 145, Olbia, Tel. 078 92 46 48. Hervorragendes höherpreisiges Restaurant mit einem Michelin-Stern im familiären Hotel in der Fußgängerzone. Die polyglotte Köchin und Besitzerin Rita bereitet Fisch und Meeresgetier vorzüglich zu (Mo geschl.).

Da Paolo, Via Garibaldi 17/Via Cavour 18, Tel. 078 92 16 75. Angenehme Trattoria mitten im historischen Zentrum. Sardische Küche mit hervorragendem Preis-Leistungsverhältnis.

38 San Teodoro

Urlaubsparadies mit traumhaften Stränden und tollem Sportangebot.

Das einstige Fischerdorf San Teodoro (4000 Einw.) hat sich in den vergangenen Jahrzehnten zu einem vor allem bei Deutschen beliebten Ferienort entwickelt. Kein Wunder, denn herrlich sind seine langen weißen Sandstrände wie **Isuledda** im Süden oder **La Cinta** im Norden, die sanft ins Thyrrenische Meer abfallen. Beide werden landeinwärts von Lagunen gesäumt, in denen zahlreiche Vögel zu Hause sind.

San Teodoro bietet eine wahre Fülle an Freizeitmöglichkeiten: Günstige Winde machen die hiesige Küste zu einem prima Spot für Segler und Surfer, das klare Meerwasser eignet sich hervorragend zum Schnorcheln und Tauchen und bei Reitausflügen, Fahrradtouren oder Spaziergängen kann man das Hinterland erkunden.

Wer sich für Geschichte, Flora und Fauna der Gegend interessiert, sollte dem **Museo delle Civiltà del Mare** (Via Niuloni 1, Tel. 07 84 86 60 10, www.icimar.it, Mo–Fr 11–13, 16–19 Uhr) einen Besuch abstatten. Dort gibt es archäologische Funde, darunter mehrere aus dem Meer geborgene römische Amphoren, und eine umfassende Muschelsammlung zu sehen.

Abends trifft man sich auf der **Piazza di Gallura** im alten Ortskern zum Plaudern und Eisessen oder spaziert in den Sommermonaten über den Kunsthandwerksmarkt **Mercatino Serale** in der Fußgängerzone, bevor die Nachtschwärmer in Bars und Klubs weiterziehen.

Praktische Hinweise

Information

Ufficio Turistico, Piazza Mediterraneo, San Teodoro, Tel. 07 84 86 57 67, www.santeodoroturismo.it

Üppig grüne Natur umgibt das Dorf Posada mit der Burgruine des Castello della Fava

Reiten

Sardigna Equitours, Località Schifoni, San Teodoro, Mobil-Tel. 032 94 14 80 15, www.sardignaequitours.com

Tauchen

Atmosphere, Via Telti 10, San Teodoro, Mobil-Tel. 033 96 41 92 80, www.atmospherediving.it

Touren

Nata Libera, Via Olbia 1, San Teodoro, Mobil-Tel. 033 96 90 77 67, www.natalibera.it. Trekking, Mountainbiking und Klettern in den Bergen der Gallura sowie Tauchexkursionen.

Hotel

****Due Lune**, Località Puntaldìa, San Teodoro, Tel. 07 84 86 40 75, www.duelune.com. Luxuriöses Klubhotel mit Golfplatz, Spa-Bereich und gutem Restaurant.

Restaurant

L'Olive, Via Gramsci 74, San Teodoro, Tel. 07 84 86 62 16. Mediterrane Gerichte, die man an lauen Sommerabenden im großen Garten genießt.

Nachtleben

AmbraNight, Cala d'Ambra, San Teodoro, www.ambranight.it. House und Hiphop in schickem Ambiente.

39 Posada

Dorf mit Kastell in einer zauberhaften, fruchtbaren Flusslandschaft.

Aus der Mündungsebene des Riu Posada erhebt sich in Küstennähe unvermittelt ein Kalkhügel, an dessen macchiagrünen

Sonnenanbeter und Wassersportler kommen am Sandstrand La Cinta auf ihre Kosten

Flanken verschachtelt die weißen und pastellfarbenen Häuser des malerischen Posada (2500 Einw.) liegen. Ein **Bummel** durch die Gassen des Dorfes ist unbedingt zu empfehlen, jedoch sollte man den Wagen am Fuß des Berges stehen lassen. Dann kann man die Atmosphäre in dem mittelalterlichen Häusergewirr genießen, kann Treppenwinkel oder Innenhöfe erkunden und sich an der kleinen *Piazza Eleonora d'Arborea* mit einem

TOP TIPP Kaffee oder einer Pasta für den Aufstieg zur Ruine des **Castello della Fava** (Mai–Sept. tgl. 10–21, Okt.–April tgl. 8–13 und 15–19 Uhr) stärken. Das Judikat Gallura hatte die gewaltige Wehranlage mit majestätischem Viereckturm im 12. Jh. als Trutzburg gegen Aragón errichten lassen. Von hier oben überschaut man die großen Schleifen des mäandernden Riu Posada, der 12 km weiter westlich zum *Lago di Posada* aufgestaut ist. Der Fluss prägte die fruchtbare umliegende Ebene, in der Schafweiden und Äcker, Orangengärten und Zypressenreihen die Landschaft bestimmen. Im Südwesten reicht der Blick bis zum 1127 m hohen, stark gezackten **Monte Albo**. Der Höhenzug ist selbst ein lohnendes Ausflugsziel und sehr beliebt bei Wanderern, bieten sich von seinen kalkweißen Gipfeln doch ebenfalls herrliche Ausblicke auf Küste und Meer.

Die piniengesäumten Hausstrände Posadas erstrecken sich im Süden. Die Ferienregion ist auf mehr als 5 km Länge zum **Porto La Caletta San Giovanni** zusammengewachsen. Sie beginnt mit dem beliebten, fast weißen Sandstrand der *Spiaggia di San Giovanni* des Ortes San Giovanni mit der gleichnamigen kleinen Kapelle und einem runden Sarazenenturm. Das stark touristisch geprägte *La Caletta* besitzt einen eher gesichtslosen neuen Hafen, in dem aber noch einige Fischerboote schaukeln. Bis zu den Ferienhäusern von *Santa Lucia* im Süden wechseln sich niedrige Sanddünen, vereinzelte Pinienwäldchen und ausgedehnte, von Schatten spendenden Bäumen bestandene Sandstrände ab.

ℹ Praktische Hinweise

Hotel
***Sa Rocca**, Piazza Eleonora d'Arborea, Posada, Tel. 07 84 85 41 39, www.hotelsa rocca.it. Kleines freundliches Hotel im historischen Zentrum. Von einigen Zimmern genießt man Meerblick. Im Wintergarten ist ein preiswertes Restaurant mit Pizzaofen eingerichtet.

Barbagia und Supramonte – wildromantisches Bergland

Südlich der Provinzhauptstadt **Nuoro** mit ihrem interessanten volkskundlichen *Museo Etnografico Sardo* erstreckt sich das wildromantische Binnenland Sardiniens, das die Römer **Barbagia**, Land der Barbaren, tauften. Tatsächlich galten seine Bewohner lange Zeit als verschlossen, rebellisch und nicht immer gesetzestreu. Ein bekanntes Banditennest war z. B. das Bergdorf **Orgosolo**, das heute berühmt ist für seine *Murales*, plakative Wandmalereien, die politische und gesellschaftliche Missstände anprangern.

Naturfreunde finden in der Barbagia gleich zwei Gebirgsmassive, die zu Entdeckungstouren einladen: die zentralen, von Granitfelsen geprägten **Monti del Gennargentu** sowie den **Supramonte**, der nach Osten hin steil zum schönen Golfo di Orosei mit dem beliebten Ferienort **Cala Gonone** abfällt. An der abwechslungsreichen Küste südlich von **Tortolì** verdienen die roten Klippen von **Arbatax** Bewunderung. Von Bäumen beschattet und sauber ist der Strand bei **Torre di Bari**, im Hinterland bei Ulassai lockt die Tropfsteinhöhle **Grotta su Marmuri**.

40 Nuoro

Kulturhauptstadt der Region und Pforte zum gebirgigen Inselinneren.

Nuoro (36 000 Einw.) am Fuße des 955 m hohen **Monte Ortobene** ist das Tor zu Sardiniens wildem Hinterland, der Barbagia. Seine dicht gedrängte Altstadt, umrahmt von unansehnlichen Betonburgen, konnte ihren herben sardischen Charme

Schaffell tragende Merdules sieht man im Karneval – oder im Museo Etnografico Sardo

über die Jahrhunderte hinweg bewahren und verfügt heute über eine Handvoll interessanter Museen.

Nuoro entwickelte sich aus einem Handelsposten, der im 12. Jh. erstmals belegt ist, zum Bischofssitz (1779) und erhielt 1836 Stadtrechte. 1926 folgte seine Ernennung zur Hauptstadt der gleichnamigen Provinz.

Weltruhm erlangte Nuoro durch die 1871 hier geborne **Grazia Deledda** († 1936), die zur Literaturnobelpreisträgerin und größten sardischen Dichterin avancieren sollte. In ihrem Elternhaus am östlichen Innenstadtrand hält heute das **Museo Deleddiano** ❶ (Via Grazia Deledda 42, Tel. 07 84 25 80 88, www.isresardegna.it, Mitte Juni–Sept. tgl. 9–20, Okt.–Mitte Juni tgl. 10–13, 15–17 Uhr) mit Fotos und Dokumenten die Erinnerung an die Literatin lebendig. Darüber hinaus erhält man in den original ausgestatteten Räumlichkeiten einen interessanten Einblick in die Lebenswelt einer wohlhabenden sardischen Familie in der Zeit um 1900.

An der nahen Piazza Asproni zeigt das **Museo Archeologico Nazionale** ❷ (Tel. 078 43 16 88, Di, Do 9–13.30, 15–17.30, Mi, Fr, Sa 9–13.30 Uhr) archäologische Funde der Provinz Nuoro von nuraghischen Skeletten bis zu *Bronzetti*.

Der Boulevard Corso Garibaldi in Nuoro lädt auch abends zum gemütlichen Bummeln ein

Die Arbeiten sardischer Maler und Bildhauer des 20./21. Jh. sind im innovativen **Museo d'Arte della Provincia di Nuoro**, kurz **MAN** ❸ (Via Sebastiano Satta 27, Tel. 07 84 25 21 10, www.museoman.it, Di–So 10–12, 16.30–19.30 Uhr) zu sehen. Anspruchsvolle Wechselausstellungen ergänzen das Programm.

Die lange Einkaufsmeile Nuoros besteht aus **Corso Garibaldi** ❹ und **Via La Marmora** ❺. Die beiden Boulevards sind gesäumt von zahlreichen Bars, Cafés und attraktiven Geschäften.

Südlich der Piazza Asproni erhebt sich die **Cattedrale Santa Maria della Neve** ❻. Sie entstand Anfang des 19. Jh. in klassizistischem Stil mit säulengeschmückter und von zwei Türmen flankierter Fassade. Ihre Terrasse im Nordosten bietet einen herrlichen Blick auf den Monte Ortobene (s. u.) mit seinem dichten Wald.

Die wichtigste Sehenswürdigkeit Nuoros bleibt freilich im südöstlichen Wohnviertel auf dem kleinen Hügel Sant'Onofrio die volkskundliche Sammlung des *Museo della Vita e delle Tradizioni Popo-*

TOP TIPP *lari Sarde*, kurz auch **Museo Etnografico Sardo** ❼ (Via Mereu 56, Tel. 07 84 25 70 35, Mitte Juni–Sept. tgl. 9–19, Okt.–Mitte März Di–So 10–13, 15–17, Mitte März–Mitte Juni Di–So 9–13, 15–18 Uhr) genannt. Um zwei Innenhöfe gruppieren sich rekonstruierte Häuser aus verschiedenen Regionen der Insel, in denen die Ausstellungsräume untergebracht sind. In hohen Glasvitrinen sind kostbare sardische Trachten mit reichen Stickereien ausgestellt. Daneben kann man traditionelle Karnevalskostüme sehen, wie etwa die *Merdules* aus zotteligem Schafsfell oder die furchterregenden *Mamuthones* mit ihren großen Glocken. Die Handwerksabteilung präsentiert einen Webstuhl, traditionelle Musikinstrumente, reich geschnitzte Holztruhen und sardische Festtagsbrote. Waffen, Schmuck, Amulette sowie Messing- und Silberknöpfe runden die umfangreiche Sammlung ab.

Vom Volkskundemuseum weisen Schilder den Weg zum **Monte Ortobene** ❽. Allein die Fahrt, auf der man auch die *Chiesa della Solitudine*, eine kleine Kapelle zum Andenken an Grazia Deleddá, passiert, lohnt die Tour. 7 km sind es bis zum Gipfel, weitere 9 km schlängelt sich die Straße als Rundweg zwischen hoher Macchia mit Steineichen, geduckten Zypressen und Pinien um den Berg. Am Wochenende packen Ausflügler entlang der schönen Strecke gern ihre Picknickkörbe aus, meist in der Nähe einer der beiden Quellen, die am Berghang entspringen. Vom *Cuccuru Nieddu*, wie der 995 m hohe Gipfel des Ortobene auch genannt wird, bietet sich der denkbar schönste Panoramablick über Nuoro und Umgebung. Die Aussichtsplattform wird seit 1901 von der 7 m hohen Bronzestatue des *Redentore* beherrscht. Christus weist mit seiner Linken in den Himmel, mit der Rechten auf das rund 400 m unterhalb liegende Nuoro. Dessen Bewohner erweisen ihm Ende August während der **Sagra del Redentore**, dem Erlöserfest, die Ehre. Die Prozession von der Stadt auf den Berg zählt zu den farbenprächtigsten der Insel.

TOP TIPP

Praktische Hinweise

Information
EPT, Viale Trieste, Nuoro, Tel. 0784 23 88 78, www.provincia.nuoro.it

Bahn
Stazione FdS, Via Lamarmora 10, Nuoro, Tel. 800 86 50 42 (nur in Italien, gebührenfrei), www.arst.sardegna.it

Hotels
***Euro Hotel**, Via Trieste 62, Nuoro, Tel. 078 43 40 71, www.eurohotelnuoro.it. Modernes Hotel, dessen Restaurant gerne von Angestellten der umliegenden Büros aufgesucht wird.

***Il Grillo**, Via Monsignor Melas 14, Nuoro, Tel. 078 43 86 78, www.grillohotel.it. Nettes Hotel mit sardischem Restaurant, das auch bei Einheimischen beliebt ist.

***Sandalia**, Via Einaudi 14, Nuoro, Tel. 078 43 83 53, www.hotelsandalia.com. Verkehrsgünstig gelegenes Hotel mit 49 Zimmern und gutem Restaurant.

Grazia Deledda erhielt 1926 im Alter von 55 Jahren den Literaturnobelpreis

Von Landleben und Literatur

Der Lyriker Sebastiano Satta (1867–1914), der Bildhauer Francesco Ciusa (1883–1949), der Autor Salvatore Satta (1902–1975), sie alle wurden in Nuoro geboren. An erster Stelle muss jedoch die Schriftstellerin **Grazia Deledda** genannt werden. Sie kam am 27. September 1871 als Tochter einer wohlhabenden Familie zur Welt. Nachdem sie 1900 den Militärattaché Palmiro Madesani geheiratet hatte, siedelte sie mit ihrem Mann nach Rom über, wo sie bis zu ihrem Tod am 15. August 1936 lebte. In Rom konnte Grazia Deledda, anders als in ihrer Heimatstadt, unbeschwert schreiben und veröffentlichen. Sie verfasste 38 Romane und unzählige Novellen, die sich durchweg mit sardischen Themen beschäftigen.

Im Jahr 1894 kam ihr erstes Buch heraus, ›Sardische Erzählungen‹ (›Storie della Sardegna‹). Darin spielten frühere Nachbarn und andere Bewohner Nuoros die nicht immer schmeichelhafte Hauptrolle. Die so Verewigten waren von dieser Publikation ganz und gar nicht begeistert. Noch lange danach haftete Grazia der Ruch einer Verräterin an. Die Meinung ihrer Landsleute änderte sich jedoch schlagartig, als sie 1926 den **Nobelpreis für Literatur** erhielt. Ihr erfolgreichster Roman war der 1913 erschienene ›Canne al vento‹, ›Schilf im Wind‹. Weitere bedeutende Erzählungen sind ›Elias Portolù‹ (1903), ›Marianna Sirca‹ (1915) und ›Cosima‹ (1937 posthum erschienen), Deleddas autobiografisches Alterswerk, in dem sie noch einmal detailliert ihre Heimatstadt beschreibt.

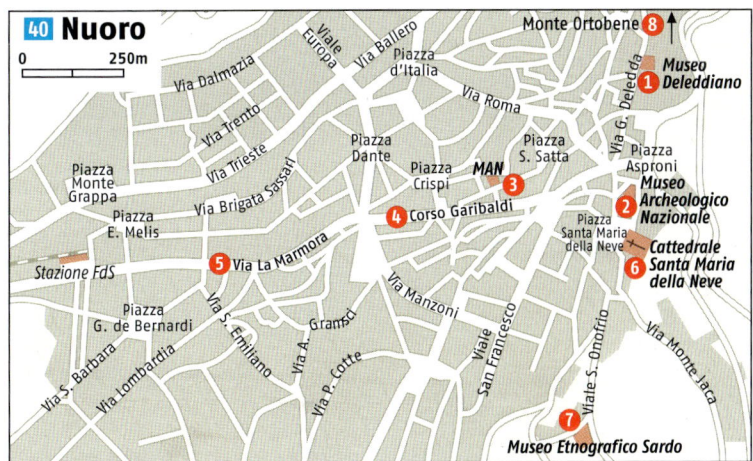

40 Nuoro

0   250m

Monte Ortobene **8**

Viale Europa
Via Dalmazia
Viale Ballero
Piazza d'Italia
Via Roma
Via G. Deledda
Museo Deleddiano **1**
Via Trento
Via Trieste
Piazza Dante
Piazza Crispi
MAN **3**
Piazza S. Satta
Piazza Asproni
Piazza Monte Grappa
Via Brigata Sassari
Corso Garibaldi **4**
Piazza Santa Maria della Neve
Museo Archeologico Nazionale **2**
Piazza E. Melis
Via La Marmora **5**
Cattedrale Santa Maria della Neve **6**
Stazione FdS
Via S. Emiliano
Via A. Gramsci
Via Manzoni
Viale San Francesco
Viale S. Onofrio
Via Monte Jaca
Piazza G. de Bernardi
Via S. Barbara
Via Lombardia
Via P. Cotte
Museo Etnografico Sardo **7**

41   Orune und Su Tempiesu

Großes Hirtendorf in traumhafter Lage mit einem der schönsten Brunnenheiligtümer.

Am Ende einer reizvollen Serpentinenstraße liegt zwischen Nuraghenresten, Pinien, Kork- und Steineichen sowie dichter Macchia auf einem langen Bergrücken in 745 m Höhe das große **Hirtendorf** Orune (2700 Einw.). Sein Zentrum prägen hohe, dreistöckige Häuser aus dem 18./19. Jh. mit pastellfarbenen Fassaden und zierlichen schmiedeeisernen Balkonen. Terrassierte Plätze laden zum Verweilen und Kirchen, darunter die barocke einschiffige Pfarrkirche **Santa Maria Maggiore**, lohnen die Besichtigung. Überall sieht man Frauen vor den Haustüren sitzen, mit Stickereien in den Händen, und auf der Straße halten alte Männer mit schwarzen Schirmmützen ein Schwätzchen.

Die meisten Besucher erhaschen nur *en passant* einen Blick auf die dörfliche Idylle. Sie folgen meist am Ortseingang bei der Polizeistation der schmalen Straße steil abwärts, am Friedhof vorbei und jenseits eines schmalen Baches wieder bergauf. Nach etwa 6 km weisen am Wegrand (Parken möglich) Schilder den Weg zum Brunnenheiligtum **Su Tempiesu** (www.sutempiesu.it, tgl. 9 Uhr bis Sonnenuntergang) aus dem 11.–9. Jh. v. Chr. Vom Besucherzentrum aus geht man knapp 1 km durch einen kleinen Botanischen Garten mit einheimischen Blumen, Büschen und Bäumen, bevor man das 1953 von Hirten entdeckte Brunnen-

heiligtum erreicht. Der sardische Archäologe Osvaldo Lilliu übernahm die sachgerechte Freilegung des zeltartigen, 5 m langen und 3 m hohen Baus aus massiven Trachytblöcken, durch den ein Gang zur Brunnenkammer führt. Dort entspringt eine Quelle, die noch heute zwei übereinander liegende Becken speist. Auffällig ist, dass weder Trachyt noch Basalt, der ebenfalls zum Bau der Brunnenanlage benutzt wurde, in der Nähe des Heiligtums vorkommen. Man muss die großen Steine also aus 30 km Entfernung hierher gebracht haben!

Das Brunnenheiligtum Su Tempiesu besteht aus massiven Trachytblöcken

Schroff überragen die Gipfel des Supramonte di Oliena die fruchtbaren Ebenen

42 Oliena

Cannonau-Weinbauort im wilden Kalkgebirge des Supramonte.

12 km südöstlich von Nuoro und von diesem durch das tiefe Tal des Riu di Oliena getrennt, breitet sich auf einem 379 m hohen Hügel das Bergdorf **Oliena** (7500 Einw.) aus. Nicht weniger als elf wenngleich unspektakuläre Kirchen und Kapellen gehören zum Ort, dessen Neubauten weit verstreut am Hang liegen. Dazwischen erstrecken sich wohltuend grüne **Weingärten** und **Schafsweiden**. Auf den kalkhaltigen Böden gedeiht die Cannonau-Traube, aus der der schwere gleichnamige Rotwein gekeltert wird. Unmittelbar südlich ragt der Gebirgsstock des *Supramonte di Oliena* auf. Er ist im unteren Bereich von Eichenwäldern bestanden, die etwa auf halber Höhe deutlich lichter werden und schließlich gänzlich den markanten kahlen Kalkzacken des Gipfels weichen.

i Praktische Hinweise

Information

Pro Loco, Piazza Enrico Berlinguer, Oliena, Mobil-Tel. 00 39 34 66 61 29 92, www.prolocooliena.it

Touren

Barbagia Insolita, Corso Vittorio Emanuele 48, Oliena, Tel. 07 84 28 60 05, www.barbagiainsolita.it. Geführte Wanderungen, z. B. auf den Supramonte oder zum Monte Tiscali, Kanutouren und Jeep-Exkursionen.

Hotels

TOP TIPP ******Su Gologone**, Località Su Gologone, 6 km östlich von Oliena, Tel. 07 84 28 75 12, www.sugologone. it. Eines der zauberhaftesten Landhotels der Insel in bestechender Höhenlage. Mit exquisitem Restaurant für lokale Spezialitäten (unbedingt reservieren).

***Cikappa, Corso Martin Luther King 2/4, Oliena, Tel. 07 84 28 80 24, www. cikappa.it. Im alten Dorfkern gelegenes, familiäres Hotel mit empfehlenswertem Restaurant.

***Cooperativa Turistica ENIS, Località Monte Maccione, 4 km östlich von Oliena, Tel. 07 84 28 83 63, www.coopenis.it. Eine Kooperative aus Oliena leitet die vor allem bei Naturfreunden sehr beliebte Herberge in schöner Panoramalage auf halber Höhe des Monte Corrasi (1463 m). Es werden verschiedene geführte Wanderungen angeboten. Hinzu kommt ein preiswertes Restaurant.

43 Dorgali

Landwirtschaftszentrum, umgeben von nuraghischen Attraktionen.

7 km vom Meer entfernt liegt etwa auf halber Höhe am Westhang des *Monte Bardia* (882 m) die Kleinstadt Dorgali (8500 Einw.). Seit sich hier im Mittelalter Bauern und Handwerker in sicherer Entfernung zur Küste und damit zu den Piraten ansiedelten, werden Weberei, Korbflechten und Töpferei gepflegt. Im Ortszentrum mit seinen von alten Laubbäumen beschatteten Straßen und Plätzen bieten mehrere Läden Teppiche, Häkelarbeiten und Keramik aus heimischer Pro-

duktion an. Bekannt ist Dorgali auch für seinen hervorragenden Rotwein, den *Cannonau di Dorgali.*

Mitten im Ort befindet sich in einem schlichten Wohnhaus in der Via Lamarmora das **Civico Museo Archeologico** (Mobil-Tel. 0349442 5552, Juni–Aug. tgl. 9.30–13, 16–19, Sept.–Mai tgl. 9.30–13, 15.30–18 Uhr). Es zeigt in drei Räumen Fundstücke aus der Siedlungsgeschichte des Umlandes: vom Neolithikum (3500 v. Chr.) über die nuraghische Zeit und die römische Epoche bis ins Mittelalter. Besonders sehenswert sind die Stempel aus Keramik und die Gewichte für Webstühle aus dem gleichen Material. Alle Vitrinen sind auch in Deutsch beschriftet.

In die grüne Oase von Su Gologone

Ein schmales Asphaltband führt von Oliena parallel zum Flusstal 8 km nach Osten. Dort liegt inmitten zauberhafter Natur **Su Gologone** (Park mit Kiosk, tgl. 9 Uhr bis Sonnenuntergang), die Quelle des Riu di Oliena. Sie ergießt sich vor allem im Winter als Wasserfall in ein blaugrün schimmerndes von Feigenbäumen, Weiden und Pappeln gesäumtes Becken. Lilien setzen mit violetten oder gelben Blüten Farbakzente, und ein paar Schritte oberhalb genießt man von einer Kapelle einen schönen Blick über die grüne Oase. Im Wald ringsum findet man auf Hinweistafeln zumindest grobe Richtungsangaben für Wander- und Radausflüge von 3 bis

6 ½ Std. Dauer, etwa in die wunderschöne **Valle di Lanaittu**, ein nach Süden führendes Hochtal, von dem man etwa 2 Stunden hinauf zum **Monte Tiscali** (515 m, nicht ganz einfach, auch im Rahmen einer geführten Tour machbar) läuft. Auf dem Berg, der für den Namen des italienischen Internetprovidors Pate stand, sind die Überreste einer Nuraghensiedlung im Inneren einer eingestürzten Doline verborgen, nur ein Loch in der Dolinenwand ermöglicht den Zutritt. Es wird vermutet, dass es sich bei dem Dorf um eine Fliehburg handelte, in der bis zu 200 Menschen vor den römischen Eroberern im 3. Jh. v. Chr. Schutz suchten.

In einer eingestürzten Doline am Monte Tiscali verbirgt sich eine Nuraghensiedlung

Ausflug

Greifbar wird Dorgalis nuraghische Vergangenheit jenseits des Stausees *Lago del Cedrino* nur wenige Kilometer nordwestlich der Stadt. Dort liegen die Grundmauern von **Serra Orrios**, einem der größten Nuraghendörfer Sardiniens. Man darf die im 15.–7. Jh. v. Chr. bewohnte Anlage nur unter sachkundiger Führung (im Sommer tgl. 9–13 und 15–19, im Winter tgl. 9–12 und 14–16 Uhr, alle 60 Min.) betreten. Zwischen alten Olivenbäumen und hohem Affodill entdeckte man auf über 6 ha Land die ineinander verschachtelten Überreste von mehr als 100 Steinhütten und zwei Megaron-Tempeln. Jene Kultstätten bestanden jeweils aus einem rechteckigen Hauptraum und einer Vorhalle. Unter einem mit Steinen gepflasterten länglichen Platz wurde in einer Zisterne, Regenwasser gesammelt. Die archäologischen Funde von Serra Orrios beweisen, dass dessen Bewohner Viehzucht und Ackerbau trieben, Ton, Leder, Wolle und Leinen verarbeiteten und Bronzewaffen herstellten. Es wurde auch Schmuck gefertigt, kupferne Armreifen, und die Keramik war reich verziert.

Von Serra Orrios geht es nach Norden Richtung Bitti. Man kreuzt die SS 129 und erreicht nach etwa 3 km rechts eine kleine Parkbucht, von der aus man noch ca. 500 m über eine Weidefläche zum sehr gut erhaltenen Gigantengrab **Sa Ena é Thomes** geht. Im Zentrum einer 10 m durchmessenden Exedra ragt die 3,65 m

Seit etwa 4000 Jahren ragt die Hauptstele des Gigantengrabs Sa Ena é Thomes auf

hohe und 2,10 m breite Eingangsstele aus Granit empor. Sie ist von flachen Profilen gerahmt und etwa auf Schulterhöhe zweigeteilt. Dahinter öffnet sich das niedrige, 11 m lange, mit großen Steinplatten abgedeckte Gemeinschaftsgrab. Archäologen fanden hier zahlreiche Grabbeigaben aus der vornuraghischen, nuraghischen und punisch-romanischen Epoche, aber auch Gegenstände, die aus dem Frühmittelalter (6.–9. Jh.) datieren. Das zeigt, wie unkompliziert man hier die Bestattungstradition fortsetzte.

ℹ️ Praktische Hinweise

Information

Pro Loco, Via Lamarmora 108, Dorgali, Tel. 078 49 62 43, www.dorgali.it

Hotel

TOP TIPP *****Il Querceto**, Via Lamarmora 4, Dorgali, Tel. 078 49 65 09, www.ilquerceto.com. Seit 25 Jahren familiär geführtes, sehr freundliches Haus mit 20 Zimmern, darunter auch Familienzimmer, und skulpturengeschmücktem Garten. Das hauseigene Restaurant *Codula* mit lokaler Küche genießt hohes Lob. Organisation von Ausflügen.

44 Cala Gonone

Außerordentlich beliebter Urlaubsort an der grottenreichen Kalksteinküste.

Das Fischerdorf Cala Gonone am Golfo di Orosei wuchs seit den 1970er-Jahren zu einem beliebten Ferienziel heran. Daran lassen zahlreiche Hotels, Fischrestaurants sowie der Jachthafen keinen Zweifel. Für die Urlaubsgäste wurde ein schmaler, leicht kiesiger Strand aufgeschüttet und mit Pinien und Blumenbeeten geschmückt. Doch eine wesentlich größere Anziehungskraft haben die schönen Badebuchten in der Umgebung.

Am Hafen starten Boote (s. u.) zu den traumhaften Stränden im Süden der Cala Gonone. Ein Glanzpunkt ist die **TOP TIPP** 4 km entfernte **Cala di Luna**. Der dortige 800 m lange und fast weiße Sandstrand wird von leicht überhängenden Klippen eingerahmt, an denen Sportkletterer ihr Können testen. Ebenfalls wunderschön sind die beiden weiter südlich gelegenen und von steilen Felsen geschützten Badebuchten **Cala Mariolu** und **Cala Goloritze**.

Ein Traum für Sportkletterer und Badeurlauber: die Cala di Luna am Golfo di Orosei

Auch zur **Grotta del Bue Marino** werden Ausflüge angeboten. Allein die Bootsfahrt entlang der Küste mit ihren steilen Felsvorsprüngen und den hellsandigen Buchten ist ein Genuss. Erst recht der Besuch der Tropfsteinhöhle, die aus einem verzweigten Gangsystem besteht. Der Zugang ist nur per Boot von der Meerseite aus möglich, da sich der Eingang unter einem 30 m hohen Felsüberhang befindet. Rechts der Anlegestelle liegt der kleine smaragdgrüne

Schluchtenerlebnis und Strandvergnügen

Erfrischender Badespaß an abgeschiedener Bucht mit strahlend weißem Kiesstrand ist die Belohnung für diese zwar wenig anspruchsvolle, aber weitgehend schattenlose Wanderung (Hin- und Rückweg 3,5 Std., unbedingt ausreichend Wasser mitnehmen!) von der **Hochebene Su Golgo** zur Cala Goloritze. Den Ausgangspunkt erreicht man über die SS125, von der man in *Baunei* (zwischen Cala Gonone und Arbatax) auf die Via San Pietro Richtung ›Golgo‹ abzweigt. Auf asphaltierter Straße geht es in Serpentinen bergauf, stets mit herrlichen Ausblicken auf die von vielfarbigen Feldern gesprenkelte Ebene der **Ogliastra**. Nach wenigen Kilometern folgt man der gut beschilderten Abzweigung nach rechts Richtung ›Goloritze‹. Der Fahrweg endet ca. 400 m weiter am gebührenpflichtigen Parkplatz der Snackbar *Su Sinniperu*.

Auf markiertem Wanderweg geht es nun durch würzig duftende Macchia und Steineichenwald leicht bergauf bis zur Anhöhe **Annidai**. Ab hier verläuft der Pfad stetig abwärts Richtung Meer durch die wildromantische Schlucht **Bacu Goloritze** mit reizvollen Blicken auf den türkisblau leuchtenden **Golfo di Orosei.** Den größten Teil des Abstiegs hat man bereits hinter sich, wenn erstmals die markante Felsnadel Aguglia ins Blickfeld gerät. Steile Bergflanken begleiten nun den teils mit Steinen gepflasterten alten Köhlerweg, der sich in Kehren bis zu einem Felsentor windet, hinter dem sich bald nach einem letzten steilen Abstieg die **Cala Goloritze** öffnet.

Die Tour wird auch als organisierte Wanderung angeboten (**Rifugio Cooperativa Goloritze**, Tel. 07 82/61 05 99, www.coopgoloritze.com).

Laghetto Smeraldo, links betritt man hinter einer Stelle mit verblassten prähistorischen Felszeichnungen die 5 km lange Höhle, die auf ca. 1 km begangen werden kann. Von den Wänden tropft kalkhaltiges Süßwasser, Voraussetzung für die Entstehung der abwechslungsreichen Grottenlandschaft, in deren Seen sich die Tropfsteine spiegeln. Die Höhle war einst auch Tummelplatz von Mönchsrobben. Deren sardischer Bezeichnung *Bue Marino* verdankt die Grotte ihren Namen.

Praktische Hinweise

Schiff

Nuovo Consorzio Trasporti Marittimi, Via Millelire 14, Cala Gonone, Tel. 078 49 33 02, www.calagononecrociere.it. In der Saison tgl. Ausflugsfahrten zur Cala di Luna und zur Grotta del Bue Marino.

Hotels

****Villa Gustui Maris**, Via Marco Polo 57, Tel. 07 84 92 00 76, www.villagustuimaris. com. Am Fuß des Monte Irveri gelegenes Hotel mit 34 Zimmern im mediterranen Stil mit Restaurant und Pool.

***Cala Luna**, Via Palmasera 6/Lungomare, Cala Gonone, Tel. 078 49 31 33, www. hotelcalaluna.com. Freundliche Zimmer, besonders schön sind die mit Meerblick. Empfehlenswertes Restaurant.

45 Grotta di Ispinigoli

Riesenstalagmit in eindrucksvoller Tropfsteinhöhle.

Von der wunderschönen Panoramastraße SS 125 zwischen Dorgali und Orosei zweigt meerwärts eine schmale Straße zur Grotta di Ispinigoli (Tel. 078 49 32 02, Führungen April–Okt. stündlich um 9, 10, 11, 12, 14, 15, 16 und 17 Uhr) ab. Wie ein aufgerissener Schlund gähnt der Eingang zur Höhle in einem karstigen Bergmassiv. Unmittelbat nach dem Eintreten öffnet sich für Besucher der Blick auf die gewaltigste Tropfsteinsäule Europas, 2 m im Durchmesser und unglaubliche 38 m hoch. *Spina in Gola*, Dorn im Rachen, wird das einzigartige Naturwunder treffenderweise genannt.

Die inzwischen völlig trockene Höhle wurde 1960 bei einem Waldbrand entdeckt. Seit 1974 ist ihr vorderer Teil der Öffentlichkeit zugänglich. Bei Grabungen fanden Archäologen nuraghische Tonge-

fäße, Schmuck und menschliche Knochen, woraus sie auf eine frühe kultische Nutzung der Höhle schlossen.

Praktische Hinweise

Hotel

***Ispinigoli**, Località Ispinigoli, Tel. 078 49 52 68, www.hotelispinigoli.com. Hotel in herrlicher Panoramalage gegenüber dem Eingang zur gleichnamigen Grotte. Dazu gehört ein beliebtes Ausflugsrestaurant, das für sardische Spezialitäten (Spanferkel!) bekannt ist.

46 Orosei

Reich durch Marmor, mit spanischer Architektur und langem Strand.

Seit der Römerzeit begehrten alle Eroberer der Insel den fruchtbaren Landstrich zwischen Siniscola und Dorgali. Ab dem 14. Jh. beherrschten ihn jahrhundertelang spanische Barone, denen diese Kornkammer Sardiniens ihren Namen, **Baronia**, verdankt. Zu einem ihrer Zentren stieg im Mittelalter Orosei (6500 Einw.) am Fiume Cedrino auf. Ihren Wohlstand verdankt die nette kleine Stadt neben der Landwirtschaft auch den nahen **Steinbrüchen**, in denen Marmor und Granit gebrochen werden. Einige Werkstätten verarbeiten den Stein vor Ort, der Großteil wird aber auf das Festland verschifft.

Ein als *Itinerario storico* ausgeschilderter historischer Spaziergang führt durch die Altstadt, in der sich die spanischen Feudalherren vom 14. bis 19. Jh. mit Palästen und Kirchen verewigten. Von der Palmen bestandenen dreieckigen **Piazza del Popolo** steigt man eine breite Treppe hinauf zur barocken Pfarrkirche **San Giacomo Apostolo** (18. Jh.) mit roten Ziegelkuppeln und hohem Glockenturm. Im Inneren der dreischiffigen Basilika sind Wandnischen mit zahlreichen Prozessionsfiguren zu sehen.

Auf der gegenüber liegenden Seite des Platzes führen kieselgepflasterte Gassen und überbaute Hohlwege durch das malerische Häusergewirr. Die kleine **Piazza Sas Animas** ist das Zentrum eines noch aus dem 14. Jh. stammenden Viertels. Damals entstanden auch die beiden Kirchen an dem schattigen Plätzchen, das *Oratorio del Rosario* mit seitlichem Anbau und das große *Oratorio delle Anime* mit hoher, durch Pilaster gegliederter Fassade.

Ein wahrer Exportschlager ist der edle Marmor aus den Steinbrüchen um Orosei

In einem früheren Adelspalast in der nahen Via Giuseppe Musio zeigt das **Museo Comunale Don Giovanni Guiso** (Tel. 07 84 99 70 84, im Sommer tgl. 8.30–13, 16–20 Uhr) historisches Mobiliar, Gemälde und sardische Trachten. Ein Höhepunkt ist die Sammlung von Puppentheatern und Marionetten aus dem 18. bis 21. Jh.

Am südwestlichen Ortsrand von Orosei steht hinter hohen Mauern das mittelalterliche Kloster **Sant'Antonio del Fuoco** (tgl. 8–20 Uhr), auch *Sant'Antonio Abate* genannt. Eine schlichte, später durch einen Arkadengang für Pilger ergänzte Bruchsteinkirche aus dem 15. Jh. bildet die Nordseite eines sehr weiträumigen Hofes. Gegenüber schließen sich über Eck niedrige frühere Wirtschaftsgebäude und Klosterzellen an, die heute ein Altersheim beherbergen. Im Süden des Gevierts erhebt sich stolz ein massiger Sarazenenturm (16. Jh.).

Im Nordosten von Orosei verzweigt sich der Cedrino kurz vor seiner Mündung in ein **Delta**, das durch einen parallel zum Meer verlaufenden Kanal entwässert wird. Zwei klapprige Holzbrücken führen darüber – ideale Plätze für Angler, die sich hier bereits in den frühen Morgenstunden einfinden.

Zwischen Kanal und Meer erstreckt sich auf etwa 3 km Länge eine niedrige Sanddüne, die mit Pinien bestanden ist. Diese grobsandige **Marina di Orosei** nutzen die Bewohner als Hausstrand, zwei große Resorts und ein kleiner Jachthafen ziehen aber auch Urlauber an.

ℹ️ Praktische Hinweise

Information

Associazione Turistica/Pro Loco, Piazza del Popolo 12, Orosei, Tel. 07 84 99 83 67, www.orosei-proloco.com

Hotel

****Anticos Palathos**, Via Nazionale 51, Orosei, Tel. 078 49 86 04, www.anticos palathos.com. Mit Antiquitäten ausgestattete Suiten im Herrenhaus einer betuchten Winzerfamilie.

Restaurant

****Da Filippo**, Via Nazionale 195, Orosei, Tel. 07 84 99 81 59, www.pizzeriadafilippo orosei.com. Rund 100 verschiedene Pizza-Varianten, u.a. speziell sardische, in angenehmer Atmosphäre.

47 Galtelli

Literarisch verewigtes Dorf mit aussichtsreichem Hausberg.

Das dörfliche Kleinod Galtelli (2500 Einw.) liegt 8 km westlich von Orosei im Tal des Cedrino. Die sardische Dichterin und Literaturnobelpreisträgerin **Grazia Deledda** [s. S. 108] verewigte den Ort in ihrem Roman ›*Canne al vento*‹ (›Schilf im Wind‹). Manche der weißen gedrungen wirkenden Häuser stammen im Kern noch aus dem 14. Jh. Damals war Galtelli Sitz wohlhabender spanischer Barone und sogar des Bischofs.

Die Pfarrkirche **Santissimo Crocifisso** liegt im Dorfzentrum an der gepflegten *Piazza Parrocchiale*. Die einschiffige Kirche wurde im 16. Jh. über einem Vorgängerbau errichtet und wenig später barockisiert. Zu ihrer überraschend kostbaren Ausstattung gehört in der Hauptaltar-

wand eine wunderbar gefasste hölzerne Marienfigur mit goldenem Brokatkleid und blauem Mantel.

Die Via San Pietro führt hinaus zur Friedhofskirche, der früheren **Cattedrale San Pietro** (11. Jh.). An ihren Innenwänden entdeckte man einen Freskenzyklus aus dem 12./13. Jh. mit Bildern aus dem Alten und Neuen Testament. Der geradezu zierliche Festungsturm am westlichen Dorfrand gehört zum heute größtenteils verfallenen **Castello Guzzetti** aus dem 15./16. Jh.

Auf einer schmalen steilen Straße gelangt man fast bis zum Gipfel des Hausbergs **Monte Tuttavista** (806 m), der sich im Südosten Galtellis erhebt und eine wunderbare Aussicht über die Landschaft bietet. Auf dem Weg nach oben passiert man ein beeindruckendes Felsentor mit dem passenden Namen **Sa Preta Istampata** (Durchbohrter Fels).

ℹ **Praktische Hinweise**

Information

Pro Loco, Via Garibaldi 12, Galtelli, Tel. 078 49 04 72, www.galtelli.com

48 Orgosolo

Das einst berüchtigte ›Banditennest‹ ist heute bekannt für seine Murales.

Eine der schönsten Strecken durch die Berglandschaft des Supramonte verbindet Oliena mit dem einst als Zentrum von Banditen und Aufrührern berüchtigten

Eines der ersten Wandgemälde in Orgosolo fordert den Erhalt des Pratobello als Weideland

Die Frauen von Fonni tragen zur Sagra della Madonna dei Martiri wunderschöne Trachten

Orgosolo (4500 Einw.). Die 18 km lange, vielfach gewundene Straße durch dichte Macchia, Weinberge und Olivenhaine wurde erst Ende der 1990er-Jahre asphaltiert, weil Insel- und Staatsregierung früher kein Interesse daran hatten, die Gegend zu erschließen.

Einbildung oder Tatsache? Schon die Häuser von Orgosolo wirken wie eine verschworene Gemeinschaft, stehen ineinander verschachtelt oder dicht nebeneinander und würden kaum Aufmerksamkeit erregen, wären da nicht die berühmten **Murales**. An fast allen Hauswänden im Zentrum gibt es solche Wandgemälde, die nach dem Vorbild lateinamerikanischer Revolutionsmalereien politische und soziale Missstände anprangern. Als einer der ersten verlieh so der Kunstlehrer Francesco del Casino in den 1970er-Jahren den Protesten gegen einen geplanten Militärübungsplatz auf dem **Pratobello**, den die Orgolesen seit jeher als Weideland nutzten, plakativ Ausdruck. Viele weitere Bilder – mittlerweile entstanden rund 150 – zu typisch sardischen Problemen wie Wasserknappheit, Abwanderung oder Bevormundung durch die italienische Regierung folgten. Neuere Darstellungen kommentieren vermehrt internationale Geschehnisse, z. B. die Anschläge vom 11. September 2001 oder die Hungersnöte in Afrika. Stilistisch folgen viele Werke der kubistisch akzentuierten Formenwelt Picassos.

ℹ Praktische Hinweise

Einkaufen

TOP TIPP **Il Cortile del Formaggio**, Corso della Repubblica 216, Mobil-Tel. 032 94 61 53 79. In einem kleinen Dorfhaus haben die Hirten von Orgosolo ihren eigenen Käseladen eingerichtet. Hier wird garantiert echter Pecorino und Schafs-Ricotta verkauft, aber auch das berühmte *Pan carasau*, das knackige Hirtenbrot, oder Honig (im Winter geschl.).

Restaurant

Sa'e Jana, Via E. Lussu, Orgosolo, Tel. 07 84 40 24 37, www.albergosaejana. com. Die sardischen Speisen in dem Lokal am Dorfrand sind hausgemacht, auch das hauchdünne Brot *Pan carasau*. Im selben Gebäude gibt es ein einfaches empfehlenswertes Hotel.

49 Fonni

Ski fahren und wandern südlich von Sardiniens höchstgelegenem Dorf.

Barbagia Ollolai heißt die sanfthügelige Gebirgsregion des nördlichen Gennargentu. Hier liegt in 1000 m Höhe, inmitten gestauter Seen und dunkler Bergwälder, das alte Hirtendorf Fonni (4200 Einw.). Sein Zentrum gruppiert sich um den großzügigen barockisierten Klosterkom-

*Ländliche Idylle: Ziegenherde im Parco
Nazionale del Gennargentu*

plex der Franziskaner, das *Santuario della
Madonna dei Martiri* aus dem 17./18. Jh.
Zahlreiche Neubauten am Ortsrand weisen darauf hin, dass Fonni als Ausgangspunkt für das südlich liegende *Skigebiet*
des **Monte Spada** (1595 m) bei Touristen
immer beliebter wird. Und im Sommer
und Herbst erkunden heutzutage *Wan-
derer* und *Mountainbiker* von hier aus die
großartige Bergwelt.

Berühmt ist Fonni für seine schönen
Trachten. Die Frauen des Dorfes tragen
noch heute an Fest- und Feiertagen ihre
leuchtend roten, aufwendig plissierten
Röcke und Schürzen sowie die knappen
bestickten Westen. Besonders viele Bewohner sind beim Frühjahrsfest **Sagra
della Madonna dei Martiri** Anfang Juni
prächtig aufgeputzt. Dann wird mit Umzügen und Tänzen die Rückkehr der Hirten gefeiert, die den Winter über ihre
Herden auf der tiefer gelegenen Ebene
des Campidano im Westen weideten.

In die Bergwelt der Monti del Gennargentu

Grandios ist der Ausblick auf die kargen
Kämme und kahlen Gipfel der Monti
del Gennargentu von Sardiniens
höchstem Berg, der **Punta La Marmora** (1834 m). Der Aufstieg (5 Std.) erfor-
dert guten Orientierungssinn und
Kondition und ist nur bei klarer Sicht
zu empfehlen. Startpunkt ist der Parkplatz am nicht bewirtschafteten Rifugio Sa Christa auf 1500 m Höhe am
Ende der schmalen Straße/Schotter-
piste, die am nördlichen Ortsende
von *Desulo* von der SP7 zum Pass *Arcu
Guddertorgiu* abzweigt. Die erste
Etappe des Wanderwegs ist bis zum
Arcu Gennargentu (1659 m) unter
der Nr. 721 rot-weiß markiert, anschließend zeigen aufgetürmte Steinmänn-
chen mit Wegweisern die Richtung
über die teils weglosen Geröllfelder
aus rötlichem Granit bis zum Gipfel-
kreuz auf dem ›Dach Sardiniens‹. Geführte Wanderungen in den Monti
del Gennargentu bieten **Gennargentu Escursioni** (Fonni, Tel. 07 84/58 92 96,
www.gennargentuescursioni.it) und
Comune Centro Informagiovani, Via
Cagliari 65, Desulo, Tel. 07 84/61 98 80).

6 km westlich von Fonni befindet sich
der **Lago di Gusana**. Vor allem Sarden
besuchen den Stausee des Rio Taloro
gern: Seine Ufer sind von Steineichen bestanden, das klare warme Wasser lädt im
Sommer zu einem Bad ein, man kann
Kanu fahren und rudern. Der See entstand, wie die meisten Staubecken der
nördlichen Barbagia, erst Ende des 20. Jh.
Durch ihren Bau bekam man den hoch-
sommerlichen *Wassermangel* in den Griff
und schuf überdies neue *Freizeitmöglichkeiten*, was wiederum den Bergorten
ringsum wirtschaftlich zugute kommt.

ℹ Praktische Hinweise

Hotels

****Taloro**, Lago di Gusana, Gavoi, 6 km
westlich von Fonni, Tel. 078 45 30 33,
www.hoteltaloro.it. Zu dem freundlichen
Hotel am Stausee gehören ein großer
Pool, Wellnessbereich und ein gutes Restaurant mit sardischer Küche. Beliebtes
Ausflugsziel am Wochenende.

***Sa Orte**, Via Roma 14, Fonni, Tel. 078 45 80 20, www.hotelsaorte.it. Geschmackvoll restauriertes Hotel im Dorf mit 20 modern eingerichteten Zimmern, gemütlichem Aufenthaltsraum mit Kamin und sardischem Restaurant.

50 Desulo

Hirtendorf mit touristischen Ambitionen.

Immerhin 888 m hoch liegt Desulo (2600 Einw.) inmitten flacher Hügel zu Füßen der Monti del Gennargentu. Zu ihnen gehört die *Punta La Marmora*, mit 1834 m höchster Berg der Insel. Der benachbarte wintersporttaugliche *Bruncu Spina* ist nur 5 m niedriger. Beide Gipfel sind von Desulo aus zu ersteigen. Überhaupt gilt das Dorf als Tor in die Bergwelt des 75 000 ha umfassenden **Parco Nazionale del Golfo di Orosei e del Gennargentu** (www.parcogennargentu.

TOP TIPP

it). Das Gebiet ist ein ideales Terrain für Trekkingfans und Mountainbiker. Zwischen Kastanienbäumen, Wacholderbüschen, Stein- und Korkeichen blühen im Frühjahr Krokusse, Orchideen und Pfingstrosen. Zur Tierwelt gehören Falken, Rebhühner, Wildschweine und Mufflons sowie Schaf- und Ziegenherden, welche die Hirten in der Macchia weiden lassen.

Jedes Jahr im Herbst finden in Desulo und seinen Nachbardörfern wie *Ovodda* und *Austis* im Rahmen des **Autunno in Barbagia** (www.aspenuoro.it, Sept.–Dez.) zahlreiche Erntedank- und Weinfeste mit Musik und Tanz statt. Einige der Dorfbewohner öffnen dann sogar ihre Häuser zur Besichtigung und in Innenhöfen oder entlang der Straße werden regionale Produkte wie Wein, Käse und schmackhafte Wurstwaren angeboten. Kunsthandwerkausstellungen, auf denen Stickereien, Teppiche oder Holzschnitzereien präsentiert werden, runden das vielfältige Programm ab.

i **Praktische Hinweise**

Information

Pro Loco, Via Lamarmora 89, Desulo, Tel. 07 84 61 98 87

Einkaufen

Panificio in Su Mulinu 'Etzu, Via Marcalai 18, Austis. Sardisches Hirtenbrot vom Feinsten.

51 Aritzo

Das Bergdorf bietet Sommerfrische und wilde Pferde.

Seit Ende des 19. Jh. schätzen die Bewohner der Küstenregionen Sardiniens das 796 m hoch gelegene Aritzo (1400 Einw.) als Sommerfrische. Das Dorf liegt malerisch an einem Hang inmitten ausgedehnter Kastanienwälder, und wenn in der letzten Oktoberwoche die **Sagra della Castagna** gefeiert wird, kommen täglich bis zu 300 Busse nach Aritzo. Dann duftet es intensiv nach gerösteten Maronen und frisch gemahlenem Kastanienmehl, und in den engen Gassen ist kaum ein Durchkommen.

Die Altstadt mit ihren schmalen Häusern, an denen Holzbalkone wie Schwalbennester kleben, wird vom Glockenturm der gotischen Pfarrkirche **San Michele Arcangelo** überragt. Unterhalb der Durchgangsstraße befindet sich das liebevoll geführte **Museo della Montagna** (Via Guglielmo Marconi, Tel. 07 84 62 98 01, Juni–Sept. Di–So 10–13, 16–19, Okt.–Mai Di–So 9–13, 15–18 Uhr). Zur Sammlung gehören tiefrote Trachten ebenso wie intarsienverzierte Holztruhen und Winzerwerkzeug. Man erfährt hier Vieles über Wachszieher und Schäfer, das regional bedeutsame Thema *Kastanien* (Castagna) wird samt Sammeln, Rösten und Backen besonders ausführlich behandelt. Geplant ist ein Umzug des Museums in den 8 ha umfassenden *Parco Comunale* im Südosten des Ortes mit seinen Nuraghen und Feenhäusern (Höhlengräber) sowie mehreren Quellen.

Die waldreiche **Barbagia di Belvi** um Aritzo hat ihren urtümlichen Reiz bewahrt. Auf den rundkuppigen Bergen leben Mufflons, Wildschweine und wilde Pferde, in den Höhenlagen nisten sogar Geier. Der nahe Fluss Flumendosa ist ein herrliches Revier für Kanuten und Kajakfahrer. Spaziergänger können an seinen Ufern noch zahlreiche Feenhäuser aus nuraghischer Zeit entdecken.

Einen weiten Panoramablick genießt man vom **Texile** (975 m) südwestlich von Aritzo, dessen kegeliges Plateau aus dem dunklen Grün der Berghänge steil in den Himmel ragt. Er ist nicht nur ein beliebtes Fotomotiv, sondern auch ein schönes Wandergebiet.

i **Praktische Hinweise**

Touren

Centro Servici Turistici, Via Monti 2, Aritzo, Tel. 07 84 62 94 42. Wander-, Fahrrad- oder Jeeptouren.

Hotel

TOP TIPP ****Sa Muvara**, Località Fontana Rubia, Aritzo, Tel. 07 84 62 93 36, www.samuvarahotel.com. Paradehaus am Dorfrand von Aritzo. Mit großem Swimmingpool, der aus einer eigenen Quelle gespeist wird. Umfangreiches Ausflugsprogramm. Sehr gutes Restaurant mit hausgemachten Spezialitäten. Je nach Jahreszeit stehen z. B. Steinpilze, Kastanien, Wildschwein, Mufflonschinken oder Bachforellen auf der Speisekarte – sowie die ›Dauerbrenner‹ Milchspanferkel und Lammbraten.

52 Ulassai

Weingärten und Tropfsteinhöhle in großartiger Berglandschaft.

Mächtig und schroff wie Tafelberge erheben sich die Gebirgsstöcke der **Barbagia di Seulo** aus dem weiten grünen Hochtal des *Fiume Flumendosa*. Das imposante Landschaftsprofil erinnert sogar ein wenig an das US-amerikanische Monument Valley. Am Fuß des 956 m hohen **Bruncu Matzeu**, eines dieser schroff aufragenden Kalksteinklötze, liegt das Bergdorf **Ulassai**. Leider ist sein Ortskern hinter Neubauten kaum noch zu erkennen. Einen Besuch lohnt aber allein schon der Anblick der bizarren, turmartig verwitterten Felsformationen oberhalb des Dorfes. Sie werden *Tacchi* genannt und sind typisch für die Bergregionen der Ogliastra. Auch Weinliebhaber zieht es nach Ulassai, kann man hier doch den vorzüglichen *Cannonau di Jerzu* sowie den *Cannonau della Ogliastra* kosten und kaufen.

Das beliebteste Ausflugsziel in der Umgebung ist die weit verzweigte **Grotta su**

Das Bergdorf Ulassai wird überragt von verwitterten turmartigen Felsformationen

Marmuri (Tel. 0782 79 85 59, www.ogliastra ontheweb.it/sumarmuri, April, Okt. tgl. Führungen ab 4 Pers. um 11, 14.30, 17, Mai– Juli, Sept. um 11, 14, 16, 18, Aug. um 11, 13, 15, 17, 18.30 Uhr) oberhalb von Ulassai. Etwa 60 Min. dauert die Erkundung der konstant fast 10 °C kühle Tropfsteinhöhle mit ihren beleuchteten Sälen. Die aufregendsten Karstformationen findet man in der *Sala dei Cactus*, dem Kaktussaal, mit ihrem 20 m hohen Stalagmiten, in der *Sala degli Organi* mit einer fast weißen Tropfsteinorgel und in der *Sala delle Meraviglie*, dem Saal der Wunder, in der bizarre Stalaktiten und Stalagmiten zu allerlei Assoziationen Anlass geben.

Auf Streifzug durch die unterirdische Zauberwelt der Tropfsteinhöhle Grotta su Marmuri

Markant ragen die roten Porphyrklippen Rocce Rosse bei Arbatax in den Himmel

53 **Arbatax**

Rote Felsen und feine Sandstrände.

Weit ragt das felsige **Capo Bellavista** ins *Mare Tirreno*. Die Halbinsel ist in weiten Teilen militärisches Sperrgebiet, doch um eine Bucht an ihrer Nordküste gruppiert sich das frühere Fischerdorf Arbatax (1100 Einw.). Der relativ kleine Ort überrascht mit einem riesigen Fährhafen, welcher auch über Reisebüros, Lebensmittelgeschäfte und Souvenirläden verfügt.

Hauptattraktion des Ortes sind die unmittelbar östlich gelegenen **Rocce Rosse**, die berühmten roten Porphyrklippen. Unvergesslich ist der Anblick dieser farbkräftigen, malerisch verwitterten Felsgiganten, die ungerührt der gischtsprühenden Brandung trotzen. Der mit dunklem Dyorit durchsetzte Stein leuchtet je nach Tageszeit und Sonneneinstrahlung in verschiedenen faszinierenden Rottönen. Jedes Jahr im August findet vor dieser grandiosen Kulisse das **Rocce Rosse Blues Festival** (Infos bei der Touristinformation, s. u.) mit renommierten Blues-Musikern, aber auch Rock- und Pop-Bands aus aller Welt statt. Leider wurde unmittelbar neben den Klippen ein riesiger Parkplatz angelegt, unter dem die Schönheit des Ortes erheblich leidet.

Sand statt Felsen findet man am südlichen Ansatz der Halbinsel bei der Feriensiedlung **Marina San Gemiliano**. An dieser Küste bewacht ein gut erhaltener spanischer Sarazenenturm einen hellen Strand und den nahen Campingplatz.

Die Zufahrtsstraße nach Arbatax führt über **Tortolì** (10 400 Einw.), ein beliebtes Geschäftszentrum und, wie manche sagen, die heimliche Hauptstadt der Ogliastra. In der früheren Markthalle lohnt das **Museo d'Arte Contemporanea Su logu de s'Iscultura** (Corso Umberto 36, Tel. 07 82 60 07 00, www.menir.it, tgl. 10–12.30, 17–20 Uhr) mit seinen interessanten Wechselausstellungen zeitgenössischer Kunst einen Besuch. Tortolì ist zudem interessant als Ausgangspunkt für Ausflüge zur Ostküste und in das Inselzentrum.

Zum Baden fahren die Bewohner von Tortolì gern 8 km nach Norden zum Ferienort **Santa Maria Navarrese**. Das einstige Fischerdorf aus dem 11. Jh. besitzt einen grobkörnigen langen Sandstrand und glasklares Wasser. Dekorativ ist der runde *Sarazenenturm* aus dem 17. Jh. im Norden der Bucht. Der Ort Santa Maria Navarrese ist in den letzten Jahren enorm gewachsen, hat neue Hotels und einen

Jachthafen bekommen. Trotzdem ist es im kleinen Zentrum mit seinen von uralten Johannisbrotbäumen und hohen Schirmpinien beschatteten Plätzen richtig gemütlich geblieben.

ℹ Praktische Hinweise

Information
Pro Loco, Via Garibaldi 36, Tortolì, Tel. 07 82 62 28 24

Flughafen
Aeroporto Tortolì-Arbatax, Tel. 07 82 62 43 00, www.aeroportotortoli arbatax.it. Flüge nach Cagliari und Olbia sowie auf das italienische Festland.

Schiff
Tirrenia Navigazione, Porto di Arbatax, Tel. 89 21 23 (nur in Italien, gebührenfrei), www.tirrenia.it. Im Sommer Fährverbindungen nach Civitavecchia, Genua (über Olbia) und Cagliari.

Bahn
Stazione FdS, Porto di Arbatax, Tel. 070 58 02 46, www.treninoverde.com. Im Sommer tgl. Fahrten des touristischen Trenino Verde durch das Bergland nach Mandas.

Hotel
****Nascar**, Via Oedras, Santa Maria Navarese, Tel. 070 51 34 89. Attraktives Hotel mit nur 12 Zimmern im ältesten Haus des Ortes, umgeben von einem schattigen Garten, 150 m vom Meer. Restaurant mit guter sardischer Küche.

***Mediterraneo**, Via Lungomare, Santa Maria Navarrese, Tel. 07 82 61 53 80. Schön von einem Garten umschlossenes Ferienhotel am südlichen Ortsrand, nur 50 m vom einladenden Strand entfernt.

54 Torre di Bari

Idyllisch sind die kilometerlangen Strände um den Sarazenenturm.

An sich gehört das kleine Torre di Bari an der Küste zur Gemeinde des 4 km entfernten Landstädtchens **Bari Sardo**. Aber längst hat der Hausstrand die Muttersiedlung an Bedeutung und Besucherzahlen überrundet. Dafür sorgt die abwechslungsreiche Küstenlandschaft um den angenehm zurückhaltenden Ferienort. Etwa 12 km lang ist der Sandstrand **Marina di Bari** zu beiden Seiten des großen runden *Sarazenenturms*, der sich seit dem 16. Jh. auf einer kleinen felsigen Landzunge erhebt. Durchsetzt von einigen kleineren felsigen Abschnitten zieht er sich im Süden bis zur *Baia di Gairo* hin, stets begleitet von ausladenden Pinien und Eukalyptusbäumen. Nördlich des Turmes erstreckt sich der Strand auf 3 km, der Sand ist fein und goldgelb. In unregelmäßigen Abständen schieben sich immer wieder niedrige, bei einer Strandwanderung leicht zu umgehende Felsvorsprünge Richtung Meer.

ℹ Praktische Hinweise

Hotel
****La Torre**, Via Mare, Torre di Bari, Tel. 078 22 80 30, www.hotellatorresarde gna.com. Charmante zweistöckige Hotelbungalows um einen blühenden Garten mit Springbrunnen. Angeschlossen ist ein sehr gutes aber teures Restaurant. Preiswerter isst man im benachbarten ›Mutterhaus‹ mit Pizzeria.

Am Sarazenenturm von Marina di Bari scheiden sich Sand- und Kiesstrände

Sardinien aktuell A bis Z

Vor Reiseantritt

ADAC Info-Service:
Tel. 01805/101112 (0,14 €/Min.)

Unter dieser Telefonnummer sowie in den ADAC Geschäftsstellen können ADAC Mitglieder kostenloses **Informations- und Kartenmaterial** anfordern. Im ADAC Verlag ist zudem der Reiseführer Italien erschienen.

ADAC im Internet:
www.adac.de
www.adac.de/reisefuehrer

Sardinien im Internet:
www.sardegnaturismo.it
www.sardinien.com
www.ilportalesardo.it

ENIT – Agenzia Nazionale del Turismo:
www.italia.it/de, www.enit.it

*Aktuelle Prospekte können telefonisch bei der E*NIT, der italienischen Zentrale für Tourismus, bestellt werden, sie stehen aber auch im Internet als Download zur Verfügung.

Deutschland
Barckhausstr. 10, 60325 Frankfurt/M.,
Tel. 069/237434, frankfurt@enit.it

Österreich
Kärntnerring 4, 1010 Wien,
Tel. 01/5051639, vienna@enit.it

Schweiz
Uraniastr. 32, 8001 Zürich,
Tel. 0434664040, zurich@enit.it

Allgemeine Informationen

Reisedokumente

Reisepass oder Personalausweis. Für Kinder unter 16 Jahren ein Kinderausweis oder Eintrag im Elternpass.

Kfz-Papiere

Neben Führerschein und Zulassungsbescheinigung Teil 1 (vorm. Fahrzeugschein) empfiehlt es sich, die *Internationale Grüne Versicherungskarte* mitzunehmen. Wer einen fremden Wagen fährt, benötigt eine Vollmacht des Fahrzeughalters.

Krankenversicherung

Die Europäische Krankenversicherungskarte ist in die übliche Versicherungskarte integriert. Sie wird in ganz EU-Europa anerkannt und garantiert die medizinische Versorgung. Zusätzlich empfiehlt sich der Abschluss einer Reisekranken- und Rückholversicherung.

Hund und Katze

Für Hunde und Katzen ist bei Reisen innerhalb der EU ein gültiger, vom Tierarzt ausgestellter EU Heimtierausweis vorgeschrieben, ebenso Kennzeichnung durch Mikrochip. Für Hunde sind Leine und Maulkorb mitzuführen.

Zollbestimmungen

Reisebedarf für den persönlichen Gebrauch obliegt innerhalb der EU keinen Beschränkungen und darf abgabenfrei eingeführt werden. Es gelten allerdings Richtmengen für den Privatreisenden: 800 Zigaretten, 400 Zigarillos, 200 Zigarren, 1 kg Tabak, 10 l Spirituosen, 20 l Zwischenerzeugnisse, 90 l Wein (davon max. 60 l Schaumwein), 110 l Bier.

Bei Einreise in die Schweiz bleiben zollfrei: 200 Zigaretten oder 50 Zigarren oder 250 g Tabak, 2 l alkoholische Getränke bis zu 15 % und 1 l Spirituosen über 15 % (für Personen ab 17 Jahre), andere Waren bis zu einem Gesamtwert von 300 CHF, beschränkt ist dabei die Mitnahme von Lebensmitteln, siehe www.ezv.admin.ch.

Geld

Die gängigen *Kreditkarten* werden von Banken, Hotels und vielen Geschäften akzeptiert. Zum Geldabheben rund um die Uhr stehen zahlreiche *EC-/Maestro-Bankomaten* zur Verfügung.

Tourismusämter im Land

In allen größeren Orten gibt es Tourismusämter und Informationsbüros, die im Haupttext unter ›Praktische Hinweise‹ aufgeführt sind. Zentrale:

Assessorato Regionale al Turismo,
Viale Trieste 105, Cagliari, Tel. 07 06 06 70 35,
www.sardegnaturismo.it

Notrufnummern

Notruf: Tel. 112
(EU-weit, auch mobil: Polizei,
Unfallrettung, Feuerwehr)

ACI-Pannenhilfe (Soccorso stradale):
Tel. 80 31 16, www.aci.it. Man beachte
die gelben Notrufsäulen an den Autobahnen (ca. alle 2 km).

ADAC Notrufstation Monza:
Tel. 08 92 10 41 (ganzjährig)

ADAC Notrufzentrale München:
Tel. 00 49/89/22 22 22 (24-Std.-Service)

ADAC Ambulanzdienst München:
Tel. 00 49/89/76 76 76 (24-Std.-Service)

ÖAMTC Schutzbrief Nothilfe:
Tel. 00 43/(0)1/2 51 20 00, www.oeamtc.at

TCS Zentrale Hilfsstelle:
Tel. 00 41/(0)2 24 17 22 20, www.tcs.ch

Bei Unfällen mit Sachschäden ist es dringend erforderlich, die Versicherung und
die Versicherungsnummer des Unfall-
gegners zu notieren. Bei Personenschä-
den muss die Polizei verständigt werden.

Diplomatische Vertretungen

**Honorarkonsulat der Bundesrepublik
Deutschland**, Via Raffa Garzia 9,
09126 Cagliari, Tel. 070 30 72 29

**Botschaft der Bundesrepublik
Deutschland**, Via San Martino della
Battaglia 4, 00185 Rom, Tel. 06 49 21 31,
www.rom.diplo.de

Österreichische Botschaft,
Via Pergolesi 3, 00198 Rom,
Tel. 068 44 01 41, www.austria.it

Schweiz

Schweizer Botschaft, Via Barnaba
Oriani 61, 00197 Rom, Tel. 06 80 95 71,
www.eda.admin.ch/roma

Besondere Verkehrsbestimmungen

Tempolimits (in km/h): Für Pkw, Motorräder und Wohnmobile bis 3,5 t gilt in-
nerorts 50. Auf Sardinien gibt es zwar gut
ausgebaute Hauptverbindungen, aber
weder Schnellstraßen noch Autobahnen,
Höchstgeschwindigkeit außerorts ist daher immer max. 90 km/h.. Für Wohnmobile über 3,5 t gilt außerorts 80, Pkw mit
Anhänger dürfen außerorts sowie auf
Schnellstraßen max. 70 fahren.

Die *Promillegrenze* liegt bei 0,5.

Motorrad- und Mopedfahrer müssen immer mit *Abblendlicht* fahren, Autofahrer
nur außerorts. Das *Nationalitätenkennzei-
chen* bzw. EU-Kennzeichen ist Pflicht. Jede Person, die im Falle einer Panne oder
eines Unfalls auf offener Straße den Wagen verlässt, muss eine reflektierende
Warnweste tragen. Diese muss griffbereit
im Auto mitgeführt werden.

Jede Ladung, die nach hinten überragt
(Surfbretter, Boote, Fahrradständer etc.),
muss mit einer 50 x 50 cm großen, rot-
weiß-roten, reflektierenden *Warntafel* ge-
kennzeichnet werden. Keine Ladung darf
über die Vorderkante des Fahrzeugs hi-
nausragen.

Öffentliche *Parkplätze* sind durch weiße
oder blaue Markierungen gekennzeich-
net. ›Blaue‹ Parkplätze sind immer gebührenpflichtig, ›weiße‹ manchmal.

■ Anreise

Auto

Für die *Alpenüberquerung* bieten sich verschiedene Pässe an. Wer den Weg durch
Österreich wählt, nimmt die **Brennerau-
tobahn** und fährt weiter über Brescia
und Cremona zu den wichtigsten Fähr-
häfen Genua, Livorno oder Civitavecchia.
Reizvoller und kürzer ist der Transfer
durch die Schweiz. Zügig geht es über
San Bernardino und Lugano. Vom Co-
mer See führt die Autobahn über Mai-
land an die Küste.

Die österreichischen und Schweizer
Autobahnen sind **mautpflichtig**, Vignet-
ten erhält man bei den ADAC Geschäftsstellen, an grenznahen Rastplätzen und
Tankstellen. Die Autobahngebühren in
Italien richten sich nach zurückgelegter
Strecke und Wagenklasse. Bezahlt wird
bei der Autobahnabfahrt in Euro oder
per Kreditkarte. Besitzer der *Viacard*
(beim ADAC, in Italien an Autobahnrast-
stätten) werden an vielen Mautstellen
auf eigenen Fahrspuren bargeldlos meist
schneller abgefertigt.

Autobahn-Tankstellen sind durchge-
hend geöffnet, die übrigen Tankstellen
meist Mo–Fr 7–12.30 und 15.30–19.30 Uhr
(Achtung: Ruhetag). Auf Hauptstrecken
gibt es SB-Tankstellen, die Geldscheine
zu 5 €, 10 € und 20 € sowie Kreditkarten
annehmen.

Bahn und Autoreisezug

Von Deutschland, Österreich und der Schweiz gibt es keine Direktverbindungen in die Hafenstädte Genua, Livorno oder Civitavecchia. Wer mit der Bahn reisen will, muss z. T. mehrmaliges Umsteigen in Kauf nehmen.

Deutsche Bahn, Service-Hotline, Tel. 018 05/99 66 33 (0,14 €/Min. aus dem Festnetz, 24 Std.), Fahrplanauskunft, Tel. 08 00/1 50 70 90 (sprachgesteuert, kostenlos), www.bahn.de

www.dbautozug.de

www.citynightline.de

Österreichische Bundesbahn, Tel. 05 17 17 (Ortstarif), www.oebb.at

Schweizerische Bundesbahnen, Tel. 09 00 30 03 00 (gebührenpflichtig), www.sbb.ch

FS Ferrovie dello Stato, Tel. 06 68 47 54 35 oder Tel. 89 20 21 (in Italien), www.fsitaliane.it

Flugzeug

Auf Sardinien gibt es vier internationale Flughäfen: **Aeroporto Olbia-Costa Smeralda** (www.geasar.it) bei Olbia, **Aeroporto Internazionale Cagliari-Elmas** (www.aeroportodicagliari.com) bei Cagliari und **Aeroporto Alghero-Fertilia** (www.aeroportodialghero.com) bei Alghero. Von einigen Fluggesellschaften wird auch der Flughafen **Tortolì-Arbatax** (www.aeroportotortoliarbatax.it) bei Arbatax angeflogen. Neben Lufthansa (www.lufthansa.com) und Alitalia (www.alitalia.com) bieten Airberlin (www.airberlin.com), Easyjet (www.easyjet.com), Ryanair (www.ryanair.com) oder Tuifly (www.tuifly.com) Verbindungen nach Sardinien.

Schiff

Sardinien ist besonders im Sommerhalbjahr hervorragend durch Fähren mit dem Festland verbunden. Die schnellste und preiswerteste Verbindung besteht zwischen *Civitavecchia* (80 km nördlich von Rom) und Olbia/Golfo Aranci. Alternativ zur weiten Anfahrt für diese Route lohnt die Überfahrt ab *Genua* oder *Livorno*. Während der Schulferien, speziell Mitte Juli bis Mitte September, ist eine Reservierung unbedingt nötig! Man kann über Reisebüros, direkt bei den Fährgesellschaften oder über das Internet buchen:

Corsica & Sardinia Ferries, München, Tel. 01 80/500 04 83 (0,14 €/Min),

Civitavecchia: Tel. 078 94 67 80, www.corsicaferry.de. Verbindung: Livorno, Civitavecchia – Golfo Aranci

Grandi Navi Veloci, Genua, Tel. 01 02 09 45 91, www.gnv.it. Verbindung: Genua – Porto Torres und Olbia

Moby Lines, Wiesbaden, Tel. 06 11/140 20; Italien: Tel. 199 30 30 40, www.mobylines.de. Verbindungen: Genua – Porto Torres und Olbia Livorno, Piombino, Civitavecchia – Olbia

Tirrenia Navigazione, Deutschlandbüro: Agentur Farina, Großheubach, Tel. 093 71/669 37 36. Sardinien: Tel. 89 21 23 (nur in Italien, gebührenfrei), www.tirrenia.it. Verbindungen:
Genua – Arbatax, Olbia, Porto Torres
Civitavecchia – Arbatax, Cagliari, Olbia
Neapel, Palermo, Trapani – Cagliari

■ Bank, Post, Telefon

Bank

Die Banken sind in der Regel Mo–Fr 8.30–13.30 Uhr, oft auch nachmittags 15–16.15 Uhr geöffnet.

Post

Kleinere Postämter sind meist Mo–Fr 8–12, größere Mo–Fr 8–13.30/14, Sa 8–12 Uhr geöffnet. Briefmarken (*Francobolli*) gibt es auch in Tabakläden (*Tabacchi*).

Telefon

Internationale Vorwahlen:
Italien 00 39
Deutschland 00 49
Österreich 00 43
Schweiz 00 41

In Italien ist die Ortsnetzkennzahl fester Bestandteil der Telefonnummern und muss **immer** (inkl. der 0) mitgewählt werden. Dagegen fällt bei Handy-Nummern die 0 weg.

Die Benutzung von **Mobiltelefonen** ist in ganz Italien möglich. Man sollte sich vor Reiseantritt über das günstigste Netz vor Ort informieren und das eigene Handy entsprechend programmieren.

In Telefonzellen verwendet man **Telefonkarten** (*Scheda telefonica*, perforierte Ecke abreißen), die zu 3 € und 5 € in Tabakläden, Kiosken und manchen Bars verkauft werden. Die 800-Nummern, *Numero Verde*, gelten nur innerhalb Italiens und sind gebührenfrei.

Einkaufen

In der Regel sind die Geschäfte Mo–Sa 8.30/9–12.30/13 und 15.30/16–19/19.30 Uhr geöffnet. In Ferienorten haben viele Geschäfte länger geöffnet und verkaufen oft zusätzlich an Sonn- und Feiertagen.

Souvenirs

Die Vielfalt des sardischen **Kunsthandwerks** ist groß und reicht von einfachen Mitbringseln bis zu fein gearbeiteten, kostbaren Stücken. **Webarbeiten**, besonders Teppiche und Wandbehänge, werden vielfach noch heute in Heimarbeit nach alter Technik und mit herkömmlichen Mustern gefertigt, etwa in Aggius, Dorgali oder Sant'Antioco. Wunderschöne traditionelle, aber auch fantasievolle moderne **Keramik** kann man in Cagliari, Dorgali, Olbia, Oristano und Sassari erwerben. Handgearbeitete **Stickereien** und **Spitzen** wie Schals, Tischdecken und Servietten werden vornehmlich in Bosa, Oliena, Oristano und Teulada hergestellt. Auf **Silber-** und **Goldschmiedearbeiten**, die z.T. nach alten sardischen Schmuckstücken gefertigt werden, haben sich die Kunsthandwerker von Alghero (hier Filigranarbeiten mit Korallen) und Quartu Sant'Elena bei Cagliari spezialisiert. **Korbflechtarbeiten**, vielfach noch mit überlieferten geometrischen Mustern, bevorzugt man in den Werkstätten von Castelsardo. Auf **Holzschnitzereien** verstehen sich die Künstler von Cagliari und Sassari, feingliedrige Arbeiten aus **Schmiedeeisen** kommen beispielsweise aus Sassari. Die **Korkver-**

Filigrane Goldschmiedearbeiten sind kostbare Andenken an den Sardinienurlaub

Die Insel schmecken

Die traditionelle, bodenständige Fleischküche im Inselinneren bietet Gerichte wie **Porceddu** (Spanferkel), **Anzone** (Milchlamm) und **Caprittu** (Zicklein) sowie zur Jagdsaison Dezember bis Februar **Cinghiale** (Wildschwein). Eine sardische Besonderheit sind **Arrosti**, die Grillbraten: Das Fleisch wird dabei nicht über dem Feuer gegrillt, sondern lediglich nahe an glühende Feuerstellen gerückt, um es langsam an der Glut zu garen – krossere Krusten und zarteres Fleisch findet man nirgendwo! Bemerkenswert sind auch die Pilze in einer unglaublichen Vielfalt, bevorzugt **Funghi porcini** (Steinpilze).

Ein kulinarisches Gegengewicht dazu bieten die Fisch- und Meeresfrüchte-Restaurants an der Küste. Spezialitäten aus Cagliari sind **Anguille** (Babyaale), die kleinen Tintenfische **Pulpu** sowie **Monzette** (Meeresschnecken). Ebenfalls aus der sardischen Hauptstadt stammen die Fischsuppe **Zimiu**, die sich mit ihrer Vielzahl an Macchia-Kräutern vor keiner Bouillabaisse verstecken muss, und die **Gattuci** oder **Burrige** genannten Katzenhaie, die in einer Knoblauchsauce mit Rosinen und Nüssen eingelegt werden. Ganz im Norden, auf den Inseln des Maddalena-Archipels und bei Palau, stehen **Aragoste** (Langusten) auf der Speisekarte. Am Golf von Oristano handelt man **Bottarga,** die Eier der Meeräsche (Muggine), so kostbar wie Kaviar, und auf der Insel San Pietro wird **Tonno**, Thunfisch, sowohl gegrillt als auch mit frischen Kräutern gedämpft serviert.

Kein sardisches Essen ohne Brot. Es gibt wohl keine andere italienische Region mit einer solchen Vielfalt davon. Zu allen Festen werden spezielle, meist sehr aufwendige Sorten gebacken. Besonders beliebt ist das hauchdünne Brot der Hirten, sardisch **Pan carasau**, was fast lautmalerisch an das Krachen erinnern könnte, wenn man es abbeißt. Mit Olivenöl und frischem Rosmarin aufgebacken, ist es allein schon eine Köstlichkeit. Es kann

arbeitung hat ihre Zentren in Calangianus und Tempio Pausania, die der **Lederwaren** sind in Dorgali und Olbia. Hervorragende Möbel aus Eichen- oder Kastanienholz werden in Aritzo und Dorgali hergestellt.

■ Essen und Trinken

Sardiniens Küche (s. o.) genießt einen hervorragenden Ruf. Zwar muss man beim Restaurantbesuch oft tief in die Tasche greifen, wird aber nur selten enttäuscht.

Auf sardische Art, also nah am Feuer geröstet, erhält Fleisch eine köstliche Kruste

aber auch zu vollständigen Gerichten verarbeitet werden wie etwa **Pan frattau** (mit Brühe, Tomaten, gerösteten Zwiebeln, Pecorino und Spiegelei).

Womit wir beim **Pecorino** wären, dem sardischen Schafskäse. In allen Reifegraden (dolce sardo, fiore sardo etc.) ist er eine Köstlichkeit, ob am Stück gegessen oder über Speisen gerieben. Der Pecorino wird gerne vorweg als **Antipasto** zusammen mit Wurst und Schinken gereicht. Für die Pasta-Gang sind neben den italienweit üblichen Nudelgerichten besonders die kleinen sardischen Gnocchi aus Hartweizengrieß zu empfehlen, die man hier **Malloredus** nennt. **Culurgiones** sind gefüllte Teigtäschchen, die mit einer leichten Tomatensauce serviert werden.

Den arabischen Eroberern haben die Sarden ihre Vorliebe für Süßigkeiten zu verdanken, die oft vor Sirup oder Honig triefen. **Miel amaro** ist der beste, leicht bitter schmeckende sardische Honig. Auch die Königin der sardischen Süßspeisen, **Seada**, erinnert an den Orient: frischer Pecorino in Teig ausgebacken, mit Honig übergossen und heiß serviert.

Zum Essen trinkt man gerne einen der köstlichen sardischen **Weine** [s. S. 130], danach einen kräftigen Grappa, z. B. den bis zu 80-prozentigen **Filu'e ferru**. Auch an Wasser mangelt es auf der quellen- und flussreichen Insel nicht. Man kann auf abgepacktes **Mineralwasser** zurückgreifen, oder unterwegs das gute Wasser an gefassten Quellen am Straßenrand trinken bzw. in eine Flasche abfüllen.

Bodenständige Bauernküche: Eintopf mit Hähnchen, Kartoffeln, Oliven und Kapern

Viele Restaurants besitzen ein wohlsortiertes Sortiment an guten sardischen Weinen

Sardiniens edle Tropfen

Der Ruhm Sardiniens als Weinland ist noch recht jung. Bis in die 1970er-Jahre diente der schwere Inselwein meist zum Verschneiden wenig aromatischer und alkoholschwacher Erzeugnisse vom italienischen Festland oder aus dem Ausland. Doch inzwischen sind Selbstbewusstsein und Innovationsfreude der sardischen Winzer erstarkt, und es gibt einige gute Tropfen, die meist unter der Ursprungsbezeichnung DOC (*Denominazione di Origine Controllata*) und dem Gütesiegel DOCG (*Denominazione di Origine Controllata e Garantita*) vermarktet werden. Manche Winzer bevorzugen auch die Bezeichnung IGT (*Indicazione Geografica Tipica*) für Weine aus kleinen, genau definierten Anbauflächen.

Insgesamt werden auf den vielfältigen Böden Sardiniens auf etwa 43 000 ha Reben angebaut, die volle und samtige (meist rote), aber auch leichte und junge (meist weiße) Weine hervorbringen. Vorreiter und der wohl bekannteste Tropfen der Insel ist der rote **Cannonau** (alkoholstark und kräftig), dicht gefolgt vom weißen **Vermentino** (leicht und frisch). Sehr verbreitet sind auch die roten Reben **Girò** (süß) und **Monica** (trocken und leicht). Bei den weißen dominieren neben Vermentino auch **Torbato** (trocken) und **Nuragus** (lieblich und leicht prickelnd). Zum Dessert munden **Moscato**, **Malvasia** oder **Vernaccia di Oristano**, der dem Sherry Konkurrenz machen könnte.

Zu den prominentesten Weinerzeugern der Insel gehören *Sella & Mosca* (www.sellaemosca.it) aus Alghero, *Capichera* (www.capichera.it) aus Arzachena und *Turriga* aus Serdiana.

Während Frühstück (*Colazione*) und Mittagessen (*Pranzo*) gerne auch einmal kleiner ausfallen dürfen, wird vor allem beim Abendessen (*Cena*) geschlemmt. Eine volle **Speisenfolge** umfasst *Antipasti* (Vorspeisen), *Primo Piatto* (erster Gang: Nudeln, Reis oder Suppen), *Secondo Piatto* (zweiter Gang: Fleisch oder Fisch) und *Dolci* (Dessert). Danach trinken Sarden gerne einen Caffè oder Grappa. Ein **Trinkgeld** von 10–15 % ist üblich.

Das **Rauchverbot** in Italien gilt für alle Restaurants, Bars und Diskotheken, die nicht über separate Räumlichkeiten mit besonderer Lüftung verfügen. Die Missachtung des Verbots kann mit Geldstrafen bis zu 275 € geahndet werden.

■ Feiertage

Gesetzliche Feiertage in Italien sind 1. Januar (*Capodanno*, Neujahr), 6. Januar (*Epifania*, Heilige Drei Könige), Ostermontag (*Pasquetta*), 25. April (*Liberazione*, Fest der Befreiung von Faschismus und deutscher Besatzung 1945), 1. Mai (*Festa del Lavoro*, Tag der Arbeit), 2. Juni (*Festa della*

Repubblica), 15. August (*Ferragosto*, Mariä Himmelfahrt), 1. November (*Ognissanti*, Allerheiligen), 8. Dezember (*Immacolata Concezione*, Mariä Empfängnis), 25./26. Dezember (*Natale*, Weihnachten).

Festivals und Events

Festtage der lokalen Schutzheiligen und die *Sagre* genannten, meist einem landwirtschaftlichen Produkt gewidmeten Volksfeste sind gute Gelegenheiten, sardische Folklore kennenzulernen, vor allem traditionelle Tänze und alte Trachten. Einen Überblick über diese und eine Vielzahl weiterer kultureller Events bietet die italienischsprachige Website www. sardegnacultura.it sowie die Rubrik Kalender auf www.sardegnaturismo.it.

Februar/März

Oristano: *Sa Sartiglia*. Karnevalsumzug mit maskierten ›spanischen‹ Reitern.

Mamoiada: *Carnevale Mamuthones*. Männer, die mit zotteligen Fellen und Masken bekleidet sind, werden mit Seilen eingefangen.

März/April

Ganz Sardinien: *Settimana Santa*. Feierliche Karfreitags- und Osterprozessionen.

April

Cagliari (28.4.): *Sa Die de sa Sardinia*. Der Sardinien-Tag wird zur Erinnerung an die Vertreibung der Piemonteser aus Cagliari 1797 begangen. Trachtengruppen aus ganz Sardinien nehmen teil.

Mai

Cagliari, Pula (1.–3.5.): *Sagra di Sant'Efisio*. Fest zu Ehren des Inselpatrons. Auf einem geschmückten Ochsenkarren wird die Statue des hl. Efisio aus dem Stampace-Viertel von Cagliari in einer langen Prozession zur Hinrichtungsstätte des Heiligen in Pula gebracht. Das dreitägige Fest endet mit einem Feuerwerk, am 4. Mai wird die Heiligenstatue nach Cagliari zurückgeführt.

Lula (1.–10.5): *Novena e Festa die San Francesco*, Fest zu Ehren des hl. Franz von Assisi im Santuario San Francesco südlich von Lula. In dem Wallfahrtsort herrscht die reinste Volksfeststimmung, rings um das Kloster kann man den beliebten *Torrone di Tonara*, Nugat aus dem Dorf Tonara, und andere Leckereien kaufen.

Traditionell gekleidete Frauen tragen schwarze, bunt bestickte, mit langen Fransen geschmückte Tücher über Kopf und Schultern.

Cagliari: *Forma e Poesia nel Jazz*. Jazzkonzerte von renommierten italienischen Musikern.

Ulassai (3. So): *Sagra di Santa Barbara*. Zum Patronats- und Hirtenfest gibt es Freimilch an der Landkirche.

 Sassari (vorletzter oder letzter So): *Cavalcata Sarda*, www.cavalcata sarda.it. Der Sardische Ritt, erstmals 1899 zu Ehren eines Besuchs Umbertos I. und seiner Frau Margherita begangen, ist heute ein Touristenspektakel und dennoch wunderschön: Berittene Paare in historischen Trachten und Reiterwettbewerbe.

Juni

Santu Lussurgiu (meist erster So): *Fiera del Cavallo*. Pferdemarkt und Volksfest.

Fonni: *Sagra della Madonna dei Martiri*. Zahlreiche Bewohner tragen an den Festtagen traditionelle Trachten. Sie feiern mit Umzügen, Tänzen und Spielen.

Porto Cervo: *Sardinia Cup*, www.yccs. com. Alle zwei Jahre (2012, 201 etc.) treffen sich internationale Segelprofis zur Regatta vor der Costa Smeralda.

August

Sassari (14.8.): *Festa dei Candelieri* (www. candelieri.org). Leuchterprozession in prächtigen Trachten. Die hohen Holzkerzen der Zünfte (*Gremi*) werden aus den Kirchen getragen und den Festbesuchern präsentiert.

 Nuoro (letztes Wochenende): *Sagra del Redentore*, Erlöserfest mit einer kilometerlangen prachtvollen Wallfahrt hinauf auf den Hausberg Monte Ortobene, wo zu Füßen der bronzenen Erlöserstatue eine feierliche Messe zelebriert wird.

 Arbatax: *Rocce Rosse Blues Festival*. Internationale Blues-Bands und Blues-Musiker geben sich vor der Kulisse der roten Klippen die Ehre.

September

Busachi: *Sagra del Succu*. Während des Volksfests steht alles im Zeichen der mit Safran gefärbten Pasta.

Cabras (erster So): *Corsa dei Scalzi*, Lauf der Barfüßigen. Zur Erinnerung an die tapferen Frauen des Dorfes, die 1506 eine Christusstatue vor einfallenden Piraten in Sicherheit brachten, wird die Statue aus der Pfarrkirche von Cabras in das Wallfahrtsdorf San Salvatore getragen. **San Teodoro**: *Sun and Bass Festival*, www.sunandbass.net. Drum 'n Bass mit internationalen DJs.

Orosei: *Pellegrinaggio di Santuario Nostra Signora del Rimedio*. Den ganzen Monat über bitten Pilger aus allen Teilen der Baronia in der großen einschiffigen Wallfahrtskirche (1641) die Muttergottes um Beistand.

San Teodoro: *E-Vento*, http://e-vento.org. Surfwettkampf an der Spiaggia La Cinta.

September–Dezember

Austis, Aritzo, Orgosolo u. a.: *Autunno in Barbagia*, www.aspenuoro.it. Herbstfeste und Kunsthandwerkausstellungen in der ganzen Barbagia.

Oktober

Aritzo (letzte Woche): *Sagra della Castagna*. Volkstümliches Kastanien- und Haselnussfest, das sich hauptsächlich um Essen und Trinken dreht.

Oktober–März

Cagliari, Carbonia, Nuoro u. a.: *Circuito Regionale della Danza in Sardegna*, www.assoentilocali.it. Ballett von klassisch bis modern.

November

Cagliari: European Jazz Expo, *www.jazzinsardegna.it*. Konzerte berühmter Jazzmusiker.

Klima und Reisezeit

Die beste Jahreszeiten für die Erkundung der Insel, der landschaftlichen Schönheiten und kulturellen Sehenswürdigkeiten, sind Frühjahr und Herbst. Die meisten Urlauber kommen jedoch im Hochsommer, wenn das Thermometer auf bis zu 40 °C klettert und es für Besichtigungen zu heiß ist. Dafür steht von Juni bis September alles im Zeichen des Strandlebens. Auch der Winter kann warme, sonnige Tage bescheren, wenn es jedoch regnet, dann recht heftig. Schnee fällt nur auf den Gipfeln des fast 2000 m hohen Gennargentu, wo dann sogar Ski fahren möglich ist.

Klimadaten Cagliari

Monat	Luft (°C) min./max.	Wasser (°C)	Sonnen-std./Tag	Regen-tage
Januar	7/14	14	5	7
Februar	7/15	13	5	7
März	9/17	14	6	6
April	10/20	15	8	5
Mai	14/23	17	9	5
Juni	18/28	20	10	2
Juli	20/31	23	11	1
August	20/31	24	10	1
September	19/28	23	8	3
Oktober	15/24	21	7	6
November	12/19	18	5	7
Dezember	8/15	15	4	8

Museen und Kirchen

Museen

Die Öffnungszeiten der Museen sind uneinheitlich und häufigen Änderungen unterworfen. Detaillierte Angaben finden sich im Haupttext, doch man sollte unbedingt aktuelle Informationen einholen. Im Allgemeinen kann man davon ausgehen, dass die Museen Di–So 9–13 Uhr geöffnet sind.

Kirchen

In den Mittagsstunden (12–16 Uhr) sind Gotteshäuser meist geschlossen. Kirchen in abgelegenen Orten sind oft nur zur Messe geöffnet. Gerne hilft der Kustode gegen eine kleine Spende weiter.

Sport

Golf

Sardinien bietet neben vier prämierten 18- bzw. 27-Loch-Golfplätzen vom Feinsten (Is Molas, Punta Sabbatino, Pineta Is Arenas, Cala di Volpe) neun weitere Plätze. Infos:

Federazione Italiana Golf, Viale Tiziano 74, 00196 Rom, Tel. 06 32 31 82 5, www.federgolf.it

Klettern

Mit seinen zahlreichen und vielgestaltigen Felsformationen ist Sardinien ein Dorado für Kletterer. Einen Überblick über die besten Spots und deren Schwierigkeitsgrade bietet die Website www.sardiniaclimb.com.

Radfahren

In vielen Städten und Badeorten kann man Fahrräder leihen. Während die flachen Küstengebiete problemlos befahren werden können, ist in den Gebirgsregionen gute Kondition erforderlich.

Reiten

Einige Hotels, vor allem in den Bergen, bieten organisierte Reitausflüge an, etwa *Hotel Sa Muvara* [s. S.120] in Aritzo, der Gegend der wilden Pferde, oder *Hotel Su Gologone* [s. S.110] bei Oliena. Darüber hinaus gibt es mehrere Reitställe. Infos:

Associazione Nazionale Turismo Equestre, Via Carso 35 a, Sassari, Tel. 079 29 98 89, www.turismoequestre.com

Wandern

Die schönsten Wandergebiete liegen im Bergmassiv des *Gennargentu* sowie in der gesamten Barbagia. Da viele Routen unzureichend markiert sind, ist guter Orientierungssinn gefragt und detailliertes Kartenmaterial hilfreich. Zudem gibt es die Möglichkeit, sich geführten Touren anzuschließen, z. B.

Cooperativa Turistica Enis, Località Monte Maccione, 4 km östlich von Oliena, Tel. 07 84 28 83 63, www.coopenis.it

Societa Gorropu, Via Sa Preda Lada 2, Urzulei, Tel. 07 82/64 92 82, www.gorropu.com

Wassersport

Schwimmen, Surfen, Segeln und Tauchen sind die beliebtesten Wassersportarten an Sardiniens Küsten. Stauseen und Flüsse sind ideales Terrain für Kanu- und Kajakfahrer.

Die stärksten, manchmal nicht ganz ungefährlichen Winde finden **Surfer** im Norden, vor allem zwischen Sardinien und Korsika. Westlich und östlich davon gibt es ruhigere Gefilde. Besonders bei Anfängern beliebt sind die Surfreviere im Süden sowie an der Sinis-Halbinsel im Westen. Fast überall kann man Sufbretter ausleihen und in Schulen diesen Sport erlernen. Das gleiche gilt für das **Segeln**. Wer kein eigenes Boot hat, kann eines chartern, allerdings sind die Preise in der Regel sehr hoch. ADAC Mitglieder sollten sich vor Ort nach günstigen Konditionen erkundigen. Ansonsten erteilt die **ADAC-Sportschifffahrt** ausführliche wassertouristische Informationen unter Tel.

Stabile Winde machen die Küste um Sardinien zu einem beliebten Revier für Segler

089/767 60, www.adac.de/sportschifffahrt. Der im Buchhandel und als App für Smartphones erhältliche sowie online über www.adac.de nutzbare **ADAC Marinaführer** bietet einen Überblick über die Jachthäfen der Insel.

Taucher schätzen die sauberen und klaren Gewässer Sardiniens mit ihrer vielfältigen Unterwasserwelt. Tauchgründe gibt es sowohl an der Südküste am Golfo di Cagliari, am Capo Spartivento und bei Villasimius, als auch an der gesamten Nordküste, vor allem bei Santa Teresa di Gallura und im Bereich des Arcipelago della Maddalena, an der Westküste um Alghero und die Isola di San Pietro sowie an der Ostküste an der Costa Smeralda, bei Olbia um die Isola Tavolara und bei Orosei an der Costa degli Oleandri. Die meisten Tauchbasen bieten neben Exkursionen auch Tauchkurse an und verleihen Ausrüstung. Infos im Haupttext jeweils unter ›Praktische Hinweise‹.

■ Statistik

Lage: Sardinien (ital. *Sardegna*, sardisch *Sardinia*) liegt vor der italienischen Westküste, südlich der französischen Insel Korsika, von der sie durch die 12 km breite Wasserstraße von Bonifacio getrennt ist.

Fläche: Nach Sizilien ist Sardinien die zweitgrößte Insel Italiens und des gesamten Mittelmeeres. Mitsamt den vorgelagerten Eilanden, im Norden der Archipel von La Maddalena und Asinara, im Südwesten Sant'Antioco mit San Pietro, nimmt sie eine Fläche von 24 090 km² ein. Sardinien besitzt durch die zahlreichen

Buchten und Inseln eine rund 1800 km lange Küstenlinie und ist bis zu 280 km lang bzw. bis zu 145 km breit.

Bevölkerung: 1,67 Mio.

Verwaltung: Sardinien besitzt als italienische Region weitgehende Autonomie und ist in acht Provinzen eingeteilt: Cagliari, Carbonia-Iglesias, Medio Campidano, Ogliastra, Oristano, Nuoro, Sassari und Olbia-Tempio.

Hauptstadt: Cagliari (160 000 Einw.)

Wirtschaft: Sardinien hat eines der niedrigsten Pro-Kopf-Einkommen Italiens, die Arbeitslosigkeit ist hoch. Bis in die 1960er-Jahre lebte etwa die Hälfte der Bevölkerung von der Landwirtschaft, heute arbeiten nur noch 15 % der Beschäftigten in diesem Bereich. Neben Obst- und Gemüseanbau sowie der Weinproduktion ist hier vor allem die Weidewirtschaft zu nennen, die Ziegen-, Rinder-, und besonders die Schafzucht. Gut 3 Mio. Schafe gibt es auf Sardinien. Die Produktion und der Export des sardischen Pecorino (Schafskäse) gehört zu den wichtigsten wirtschaftlichen Standbeinen. Das bedeutendste Exportgut ist jedoch der Kork. Sardinien verfügt in der Gallura über die ausgedehntesten Korkeichenwälder Italiens. Im Tourismus sind in den letzten Jahrzehnten viele Arbeitsplätze entstanden, besonders in Hotels und Restaurants, doch ist die Saison kurz, sodass viele Sarden gezwungen sind, sich für das restliche Jahr Arbeit auf dem italienischen Festland zu suchen.

Unterkunft

Agriturismo

Das italienische Pendant zu ›Urlaub auf dem Bauernhof‹ erfreut sich großen Zuspruchs. Wer auf der Suche nach Landleben und Natur ist, kann sich bei einer Bauernfamilie einquartieren. Infos:

Consorzio Agriturismo di Sardegna, Tel. 07 83 41 16 60, www.agriturismodisardegna.it

Bed & Breakfast

Preiswertere Unterkünfte, die Übernachtung plus Frühstück bieten, gibt es ebenfalls auf Sardinien. Infos:

In Sardegna Bed & Breakfast, Via Grazia Deledda 32, Oliena, Tel. 07 84 28 60 78, www.insardegnabb.it

Zimmer mit Aussicht im luxuriösen Hotel Cala di Volpe an der Costa Smeralda

Camping

Die sardische Küste verfügt über ein gut ausgebautes Netz von Campingplätzen verschiedener Kategorien. Eine Beschreibung geprüfter Campingplätze bieten die jährlich erscheinenden **ADAC Camping Caravaning Führer, Band Südeuropa** (auch als CD-ROM) und der **ADAC Bungalow Mobilheim Führer**, die im Buchhandel oder bei den ADAC Geschäftsstellen erhältlich sind (www.adac. de/campingfuehrer).

Ferienhäuser und -wohnungen

In ganz Sardinien werden meist wochenweise komplett eingerichtete Ferienhäuser und Ferienwohnungen vermietet. Vermittlung z. B. über:

MMV Reisen, Maintal, Tel. 061 81/294 75 65, www.ferien-in-sardinien.com. Apartments und Häuser auf der ganzen Insel.

Sardegna GmbH, München, Tel. 089/749 86 60, www.sardinien.de. Private Villen im mittleren und oberen Preissegment am Meer oder im Bergland.

Hotels

Hotels werden mit einem relativ variablen Bewertungssystem von * (sehr bescheiden) bis *****L (luxuriös) klassifiziert. Die Höchstpreise müssen in den Zimmern ausgehängt sein. Sardinien dürfte eines der teuersten Urlaubsgebiete des Mittelmeerraumes sein.

In **5-Sterne-Hotels** kostet ein Doppelzimmer mit Frühstück für zwei Personen ab ca. 500 €. Ein **4-Sterne-Hotel** verlangt dafür ab ca. 130 €, ein **3-Sterne-Hotel** um 90 €, ein **2-Sterne-Hotel** und eine Pension ab ca. 40 €.

In der Hauptreisezeit zu Pfingsten und im Juli/August wird Vorbuchung dringend empfohlen. Im Inselinneren ist es aber auch zu Ostern und im Herbst zur Wild- und Kastanien-Saison schwierig, ohne Reservierung ein Zimmer zu bekommen. Empfehlungen bieten die ›Praktischen Hinweise‹ bei den jeweiligen Orten.

In der jährlich aktualisierten Broschüre ›Annuario Hotels & Campings‹, erhältlich bei ENIT [s. S. 125] und den örtlichen Tourismusbüros, sind neben den offiziell registrierten Hotels auch zahlreiche Campingplätze aufgeführt und kategorisiert.

Verkehrsmittel im Land

Bahn

Sardinien ist ein Traumland für Schmalspurbahn-Fans. Das Schienennetz ist jedoch alt und lässt keine hohen Geschwindigkeiten zu. Insgesamt sind drei – nicht miteinander verbundene – Schmalspurstrecken der *Ferrovie della Sardegna* (ARST/FdS) in Betrieb: Alghero – Sassari – Sorso oder Nulvi, Macomer – Nuoro, Cagliari – Mandas – Isili. Die Bahnen dienten einst dem Bergbau und der Holzwirtschaft, die Fahrpreise sind vergleichsweise günstig.

Im Sommer befährt der Nostalgiezug **Trenino Verde** mit Wagen von 1913 die landschaftlich schönen Strecken im Inselinneren, z. B. von Arbatax an der Ostküste durch die wilde Barbagia di Seulo nach Mandas (ca. 3 Std.). Infos:

ARST (vormals Ferrovie della Sardegna, FdS), Cagliari, Tel. 800 86 50 42 (nur in Italien, gebührenfrei), www.arst.sardegna.it

Trenino Verde, Cagliari, Tel. 070 58 02 46, www.treninoverde.com

Auch Normalspuren der italienischen Staatsbahn *Ferrovie dello Stato* existieren auf Sardinien: Olbia/Golfo Aranci – Porto Torres, Sassari – Cagliari sowie Cagliari – Carbonia – Iglesias. Am schnellsten ist die Direktverbindung Cagliari – Olbia.

Ferrovie dello Stato (FS), Tel. 89 20 21 (nur in Italien, gebührenfrei), www.fsitaliane.it

InterRail-Tickets gelten nur auf Normalspur-Strecken.

Bus

Sardinien verfügt über ein dichtes Autobusnetz, das auch den kleinsten Ort erreicht. Die staatlichen und privaten Busunternehmen decken unterschiedliche Regionen ab. Fahrkarten gibt es in Kiosken, in Bars oder gegen Aufpreis in den mit einem gelben Aufkleber gekennzeichneten Bussen.

An einer Haltestelle mit dem Hinweis *Fermata a richiesta* hält der Bus nur auf Handzeichen. Der Linienverkehr fährt normalerweise bis 24 Uhr, es gibt nur wenige Nachtbusse, und mittags sowie So/Fei mit Einschränkungen.

Die bedeutendste Busgesellschaft mit einem Streckennetz über die ganze Insel ist **ARST** (s. o.):

Flug

Innersardische Flüge werden mehrmals täglich zwischen Olbia und Cagliari angeboten. Eine gute Anbindung besteht auch zwischen Cagliari bzw. Olbia und Alghero oder Tortolì. Die Preise liegen unter dem mitteleuropäischen Standard.

Mietwagen

In allen größeren Städten und Orten kann man Autos mieten. Neben vielen lokalen Anbietern sind alle internationalen Autovermieter auf der Insel vertreten. Für Mitglieder bietet die **ADAC Autovermietung GmbH** günstige Konditionen. Buchungen können erfolgen über die jeweiligen ADAC Geschäftsstellen oder unter Tel. 089/76 76 34 34.

Motor- und Fahrräder

In allen Ferienorten werden Mopeds, Roller, größere Motorräder und auch Fahrräder vermietet. Die Preise sind während der Hauptsaison relativ hoch.

Taxi

Taxistände gibt es in den größeren Städten an Busbahnhöfen, Häfen oder Bahnstationen und in den Touristenzentren. Für die wichtigsten Strecken findet man an den Taxiständen Preisangaben, ansonsten sollte man, trotz Taxameter, vorher den Preis aushandeln. Nachtfahrten müssen meistens vorbestellt werden, da z. B. in Cagliari die Zentrale nachts von 2 bis 5.30 Uhr geschlossen ist.

Sprachführer

Italienisch für die Reise

◼ Das Wichtigste in Kürze

Ja/Nein	Sì/No
Bitte/Danke	Per favore/Grazie
In Ordnung./ Einverstanden.	Va bene./ D'accordo.
Entschuldigung!	Scusi!
Wie bitte?	Come dice?
Ich verstehe Sie nicht.	Non La capisco.
Ich spreche nur wenig Italienisch.	Parlo solo un po' d'italiano.
Können Sie mir bitte helfen?	Mi può aiutare, per favore?
Das gefällt mir (nicht).	(Non) Mi piace.
Ich möchte …	Vorrei …
Haben Sie …?	Ha …?
Wie viel kostet …?/	Quanto costa …?
Kann ich mit Kreditkarte bezahlen?	Posso pagare con la carta di credito?
Wie viel Uhr ist es?	Che ore sono?/ Che ora è?
Guten Morgen!/ Guten Tag!	Buon giorno!
Guten Abend!	Buona sera!
Gute Nacht!	Buona notte!
Hallo!/Grüß dich!	Ciao!
Wie ist Ihr Name, bitte?	Come si chiama, per favore?
Mein Name ist …	Mi chiamo …
Ich bin Deutsche(r)	Sono tedesco(-a)

Ich komme aus Deutschland.	Sono della Germania.
Wie geht es Ihnen?	Come sta?
Auf Wiedersehen!	Arrivederci!
Tschüs!	Ciao!
Bis bald!	A presto!
Bis morgen!	A domani!
gestern/heute/ morgen	ieri/oggi/ domani
am Vormittag/ am Nachmittag	la mattina/ al pomeriggio
am Abend/in der Nacht	la sera/la notte
um 1 Uhr/um 2 Uhr …	all'una/alle due …
um Viertel vor (nach) …	alle … meno un quarto (e un quarto)
um … Uhr 30	alle … e trenta
Minute(n)/Stunde(n)	minuto(-i)/ora (-e)
Tag(e)/Woche(n)	giorno(-i)/settimana(-e)
Monat(e)/Jahr(e)	mese(-i)/anno(-i)

◼ Wochentage

Montag	lunedì
Dienstag	martedì
Mittwoch	mercoledì
Donnerstag	giovedì
Freitag	venerdì
Samstag	sabato
Sonntag	domenica

◼ Monate

Januar	gennaio
Februar	febbraio
März	marzo
April	aprile
Mai	maggio
Juni	giugno
Juli	luglio
August	agosto
September	settembre
Oktober	ottobre
November	novembre
Dezember	dicembre

◼ Zahlen

0	zero	19	diciannove
1	uno	20	venti
2	due	21	ventuno
3	tre	22	ventidue
4	quattro	30	trenta
5	cinque	40	quaranta
6	sei	50	cinquanta
7	sette	60	sessanta
8	otto	70	settanta
9	nove	80	ottanta
10	dieci	90	novanta
11	undici	100	cento
12	dodici	200	duecento
13	tredici	1000	mille
14	quattordici	2000	duemila
15	quindici	10 000	diecimila
16	sedici	1 000 000	un millione
17	diciassette	1/2	mezzo
18	diciotto	1/4	un quarto

◼ Maße

Kilometer	chilometro(-i)
Meter	metro(-i)
Zentimeter	centimetro(-i)
Kilogramm	chilo(-i)
Pfund	mezzo chilo
100 Gramm	etto(-i)
Liter	litro(-i)

Unterwegs

Nord/Süd/West/Ost	nord/sud/ovest/est
oben/unten	sopra/sotto
geöffnet/geschlossen	aperto/chiuso
geradeaus/links/	diritto/sinistra/
rechts/zurück	destra/indietro
nah/weit	vicino/lontano
Wie weit ist …?	A che distanza si trova …?
Wo sind die Toiletten?	Dove sono le toilette?
Wo ist die (der)	Dove si trova nelle
nächste …	vicinanze …
Telefonzelle/	una cabina
	telefonica/
Bank/	una banca/
Geldautomat/	un bancomat/
Post/	la posta/
Polizei?	la polizia?
Bitte, wo ist …	Scusi, dov'è …
der Hauptbahnhof/	la stazione centrale/
der Busbahnhof/	la stazione autolinee/
der Flughafen?	l'aeroporto?
Wo finde ich …	Dove si trova …
eine Bäckerei/	un panificio/
Fotoartikel/	gli articoli fotografici
ein Kaufhaus/	un grande
	magazzino/
ein Lebensmittel-	un negozio
geschäft/	di alimentari/
den Markt?	il mercato?
Ist das der Weg/	È questa la
die Straße nach …?	strada per ….?
Ich möchte mit …	Vorrei andare …
dem Zug/	col treno/
dem Schiff/	colla nave/
der Fähre/	col traghetto/
dem Flugzeug	col aereo
nach … fahren.	a …
Gilt dieser Preis für	È la tariffa di
Hin- und Rückfahrt?	andata e ritorno?
Wie lange gilt das	Fino a quando è
Ticket?	valido il biglietto?
Wo ist das Fremden-	Dov'è l'Ufficio per
verkehrsamt/	il turismo/
ein Reisebüro?	un'agenzia viaggi?
Ich suche eine	Cerco un
Hotelunterkunft.	albergo.
Wo kann ich mein	Dove posso deposi-
Gepäck lassen?	tare i miei bagagli?
Ich habe meinen	Ho perso la mia
Koffer verloren.	valigia.
Ich möchte eine	Vorrei fare una
Anzeige erstatten.	denuncia.
Man hat mir …	Mi hanno rubato …
Geld/die Tasche/	i soldi/la borsa/
die Papiere/	i documenti/
die Schlüssel/	le chiavi/
den Fotoapparat/	la macchina foto-
den Koffer/	grafica/la valigia/
das Fahrrad	la bicicletta.
gestohlen.	

Freizeit

Ich möchte ein …	Vorrei noleggiare …
Fahrrad/	una bicicletta/
Motorrad/	un moto/
Surfbrett/	una tavola da surf/
Mountainbike/	un mountain bike/
Boot/	una barca/
Pferd mieten.	un cavallo.
Gibt es in der Nähe	Dove si trova
ein(en) …	nelle vicinanze …
Freizeitpark/	un parco di
	divertimento/
Freibad/	una piscina
	pubblica/
Golfplatz/	un campo di golf/
Strand?	una spiaggia?
Wann hat …	Quando è aperto
geöffnet?	(aperta) …?

Bank, Post, Telefon

Brauchen Sie meinen	Vuole vedere i miei
Ausweis?	documenti?
Wo soll ich	Dove debbo
unterschreiben?	firmare?
Ich möchte eine Telefon-	Vorrei un colle-
verbindung nach …	gamento
	telefonico con …
Wie lautet die Vorwahl	Qual è il prefisso
für …?	per …?
Wo gibt es …	Dove trovo …
Telefonkarten/	le schede
	telefoniche/
Briefmarken?	i francobolli?

Tankstelle

Wo ist die nächste	Dov'è la stazione di
Tankstelle?	servizio più vicina?

Hinweise zur Aussprache

c, cc	vor ›e‹ und ›i‹ wie ›tsch‹, Bsp.: ao; sonst wie ›k‹, Bsp.: come
ch, cch	wie ›k‹, Bsp.: che, chilo
g, gg	vor ›e‹ und ›i‹ wie ›dsch‹, Bsp.: gente; sonst wie ›g‹, Bsp.: gola
gli	wie ›Lilie‹, Bsp.: figlio
gn	wie ›Cognac‹, Bsp.: bagno
sc	vor ›e‹ und ›i‹ wie ›sch‹, Bsp.: sciopero; sonst wie ›sk‹, Bsp.: scala
sch	wie ›sk‹, Bsp.: Ischia
sci	vor ›a,o,u‹ wie ›sch‹, Bsp.: lasciare
z	wie ›ds‹, Bsp.: zuppa

Ich möchte … Liter … Benzin/Super/ Diesel.	Vorrei … litri … di benzina/super/ diesel.
Volltanken, bitte.	Faccia il pieno, per favore.
Bitte prüfen Sie … den Reifendruck/	Verifichi per favore … la pressione delle ruote/
den Ölstand/	il livello dell'olio/
den Wasserstand/	il livello dell'acqua/
das Wasser für die Scheibenwischanlage/	l'acqua per il tergicristallo/
die Batterie.	la batteria.
Würden Sie bitte … den Ölwechsel vornehmen/	Per favore, mi può … cambiare l'olio/
den Radwechsel vornehmen/	cambiare la ruota/
die Sicherung austauschen/	sostituire il fusibile/
die Zündkerzen erneuern/	sostituire le candele/
die Zündung nachstellen.	regolare l'accensione.

Panne

Ich habe eine Panne.	Ho un guasto.
Der Motor startet nicht.	La macchina non parte.
Ich habe die Schlüssel im Wagen gelassen.	Ho le chiavi in macchina.
Ich habe kein Benzin/ Diesel.	Non ho più benzina/ diesel.
Gibt es hier in der Nähe eine Werkstatt?	C'è un'officina qui vicino?
Können Sie mein Auto abschleppen?	Può effettuare il traino?
Können Sie mir einen Abschleppwagen schicken?	Mi potrebbe mandare un carro attrezzi?
Können Sie den Wagen reparieren?	Può riparare la mia macchina?
Bis wann?	Quando sarà pronta?

Mietwagen

Ich möchte ein Auto mieten.	Vorrei noleggiare una macchina.
Was kostet die Miete …	Quanto costa il noleggio …
pro Tag/	al giorno/
pro Woche/	alla settimana/
mit unbegrenzter km-Zahl/	senza limite chilometraggio/
mit Kasko- versicherung/	con assicurazione ›kasko‹/
mit Kaution?	con cauzione?
Wo kann ich den Wagen zurückgeben?	Dove posso restituire la macchina?

Unfall

Hilfe!	Aiuto!
Achtung!/Vorsicht!	Attenzione!
Rufen Sie bitte schnell … einen Kranken- wagen/	Per favore, chiami subito … un'ambulanza/
die Polizei/	la polizia/
die Feuerwehr.	i vigili del fuoco.
Es war (nicht) meine Schuld.	(Non) È stata colpa mia.
Geben Sie mir bitte Ihren Namen und Ihre Adresse.	Mi dia il suo nome ed indirizzo, per favore.
Ich brauche die Angaben zu Ihrer Autoversicherung.	Mi dia i particolari della sua assicurazione auto.

Krankheit

Können Sie mir einen guten Deutsch sprechenden Arzt/ Zahnarzt empfehlen?	Mi può consigliare un bravo medico/ dentista che parla il tedesco?
Wann hat er Sprechstunde?	Qual è l'orario delle visite?
Wo ist die nächste Apotheke?	Dove si trova la farmacia più vicina?
Ich brauche ein Mittel gegen …	Vorrei qualcosa contro …
Durchfall/	la diarrea/
Halsschmerzen/	mal di gola/
Fieber/	la febbre/
Insektenstiche/	le punture d'insetti/
Kopfschmerzen	mal di testa
Verstopfung/	la costipazione/
Zahnschmerzen	mal di denti.

Hotel

Können Sie mir bitte ein Hotel/eine Pension empfehlen?	Potrebbe consi- gliarmi un albergo/ una pensione, per favore?
Ich habe bei Ihnen ein Zimmer reserviert.	Ho prenotato una camera.
Haben Sie ein Einzel-/ Doppelzimmer …	Ha una camera singola/ doppia …
mit Dusche/	con doccia/
mit Bad/WC/	con bagno/toilette/
für eine Nacht/	per una notte/
für eine Woche/	per una settimana/
mit Blick aufs Meer?	con vista sul mare?
Was kostet das Zimmer …	Quanto costa una camera …
mit Frühstück/	con prima colazione/

mit Halbpension /	con mezza pensione /
mit Vollpension?	con pensione completa?
Wie lange gibt es Frühstück?	Fino a che ora viene servita la colazione?
Ich möchte um … Uhr geweckt werden.	Vorrei essere svegliato alle ore …
Ich reise heute Abend / morgen früh ab.	Vorrei partire questa sera / domani mattina.
Haben Sie ein Fax / Internetzugang einen Hotelsafe?	Ha un fax / l'accesso alla rete / una cassetta di sicurezza?
Kann ich mit Kreditkarte zahlen?	Posso pagare con la carta di credito?

▮ Restaurant

Ich suche ein gutes / günstiges Restaurant.	Cerco un buon ristorante / un ristorante non troppo caro.
Die Speisekarte / Getränkekarte, bitte.	Vorrei la carta / la lista delle bevande, per favore.
Welches Gericht können Sie besonders empfehlen?	Quale piatto mi può consigliare?
Ich möchte das Tagesgericht / das Menü (zu …).	Vorrei il piatto del giorno / il menù (da …).
Ich möchte nur eine Kleinigkeit essen.	Vorrei uno spuntino.
Haben Sie … vegetarische Gerichte /	Ha dei … piatti vegetariani /
offenen Wein / alkoholfreie Getränke?	vini della casa / analcolici?
Kann ich bitte … ein Messer / eine Gabel / einen Löffel haben?	Vorrei avere … un coltello / una forchetta / un cucchiaio.
Die Rechnung bitte.	Vorrei il conto, per favore!

▮ Essen und Trinken

Abendessen	cena
Apfel	mela
Artischocken	carciofi
Auberginen	melanzane
Bier	birra
Brot / Brötchen	pane / panino
Butter	burro
Desert	dolce
Ei (Eier)	uovo (uova)
Ente	anitra
Erdbeeren	fragole
Espresso (mit Milch)	caffè (macchiato)
Essig	aceto
Feigen	fichi
Fisch	pesce
Flasche	bottiglia
Fleisch	carne
Fruchtsaft	succo di frutta
Frühstück	prima colazione
Gebäck	pasticcino
gegrillt	ai ferri / alla griglia
Gemüse	verdura
Glas	bicchiere
Huhn	pollo
Kalbfleisch	vitello
Kalbshaxenscheibe	ossobuco
Kaninchen	coniglio
Kartoffeln	patate
Käse	formaggio
Knoblauch	aglio
Kotlett	costoletta
Krabben	gamberetti
Lamm	agnello
Languste	aragosta
Maisgericht	polenta
Meeresfrüchte	frutti di mare
Miesmuscheln	cozze
Milch mit einem Schuss Espresso	latte macchiato
Milchkaffee	caffellatte
Mineralwasser (mit / ohne Kohlensäure)	acqua minerale (con / senza gas)
Mittagessen	pranzo
Obst	frutta
Öl	olio
Orange	arancia
Parmesankäse	parmigiano
Pfeffer	pepe
Pfirsich	pesca
Pilze	funghi
Rindfleisch	carne di manzo
Salat	insalata
Salz	sale
Schafskäse	ricotta
Schinken	prosciutto
Schweinefleisch	maiale
Spinat	spinaci
Steak	bistecca
Suppe	minestra / zuppa
Tee	té
Thunfisch	tonno
Tintenfische	polpetti
Tomaten	pomodori
Venusmuscheln	vongole
Vorspeisen	antipasti
Wein,	vino
Weiß- /	bianco /
Rot- /	rosso /
Rosé-Wein	rosato
Weintrauben	uva
Zucker	zucchero
Zwiebeln	cipolle

Titel	ADAC Reiseführer	ADAC Reiseführer plus
Ägypten	■	■
Algarve	■	■
Allgäu	■	■
Alpen – Freizeitparadies	■	
Amsterdam	■	■
Andalusien	■	■
Australien	■	■
Bali & Lombok	■	■
Baltikum	■	■
Barcelona	■	■
Bayerischer Wald	■	■
Berlin	■	■
Bodensee	■	■
Brandenburg	■	■
Brasilien	■	■
Bretagne	■	■
Budapest	■	■
Bulgarische Schwarzmeerküste	■	■
Burgund	■	
City Guide Germany	■	
Costa Brava und Costa Daurada	■	
Côte d'Azur	■	■
Dänemark	■	■
Deutschland – Die schönsten Autotouren		■
Deutschland – Die schönsten Orte und Regionen	■	■
Deutschland – Die schönsten Städtetouren	■	
Dominikanische Republik	■	
Dresden	■	■
Dubai, Vereinigte Arab. Emirate, Oman	■	■
Elsass	■	■
Emilia Romagna	■	■
Florenz	■	■
Florida	■	■
Franz. Atlantikküste	■	■
Fuerteventura	■	■
Gardasee	■	■
Golf von Neapel	■	■
Gran Canaria	■	■
Hamburg	■	■
Harz	■	■
Hongkong & Macau	■	
Ibiza & Formentera	■	■
Irland	■	■
Israel	■	■
Istanbul	■	■
Italien – Die schönsten Orte und Regionen	■	■
Italienische Adria	■	■
Italienische Riviera	■	■
Jamaika	■	
Kalifornien	■	■
Kanada – Der Osten	■	■
Kanada – Der Westen	■	■
Karibik	■	■
Kenia	■	■
Korfu & Ionische Inseln	■	■
Kreta	■	■
Kroatische Küste – Dalmatien	■	■
Kroatische Küste – Istrien und Kvarner Golf	■	■
Kuba	■	■
Kykladen	■	
Lanzarote	■	■
Leipzig	■	■
Lissabon	■	■
London	■	■
Madeira	■	■
Mallorca	■	■
Malta	■	■
Marokko	■	■
Mauritius & Rodrigues	■	■
Mecklenburg-Vorpommern	■	■
Mexiko	■	
München	■	■
Neuengland	■	■
Neuseeland	■	■
New York	■	■
Niederlande	■	■
Norwegen	■	■
Oberbayern	■	■
Österreich	■	■
Paris	■	■
Peloponnes	■	
Piemont, Lombardei, Valle d'Aosta	■	■
Polen	■	■
Portugal	■	■
Prag	■	■
Provence	■	■
Rhodos	■	■
Rom	■	■
Rügen, Hiddensee, Stralsund	■	■
Salzburg	■	■
St. Petersburg	■	■
Sardinien	■	■
Schleswig-Holstein	■	■
Schottland	■	■
Schwarzwald	■	■
Schweden	■	■
Schweiz	■	■
Sizilien	■	■
Spanien	■	■
Südafrika	■	■
Südengland	■	■
Südtirol	■	■
Sylt	■	■
Teneriffa	■	■
Tessin	■	■
Thailand	■	■
Thüringen	■	■
Toskana	■	■
Trentino	■	■
Tunesien	■	■
Türkei – Südküste	■	■
Türkei – Westküste	■	■
Umbrien	■	
Ungarn	■	■
USA – Südstaaten	■	
USA – Südwest	■	■
Usedom	■	■
Venedig	■	■
Venetien & Friaul		■
Wien	■	■
Zypern	■	■

■ **ADAC Reiseführer**
144 bzw. 192 Seiten

■ **ADAC Reiseführer plus**
(mit Extraplan)
144 bzw. 192 Seiten

Register

Impressum

Chefredakteur: Dr. Hans-Joachim Völse
Textchefin: Dr. Dagmar Walden
Chef vom Dienst: Bernhard Scheller
Lektorat und Bildredaktion: Cornelia Hübler, München
Aktualisierung: Astrid Rohmfeld
Kartographie: ADAC e.V. Kartographie/KAR, Kartographie Huber
Layout: Martina Baur
Herstellung: Barbara Thoma
Druck, Bindung: Rasch Druckerei und Verlag
Printed in Germany

Ansprechpartner für den Anzeigenverkauf:
Kommunalverlag GmbH & Co KG,
MediaCenterMünchen, Tel. 089/92 80 96 44

© der schönsten Wanderungen Seiten 37, 90, 114 und 118 ADAC Reiseführer Redaktion

ISBN 978-3-89905-973-1

Neu bearbeitete Auflage 2013
© ADAC Verlag GmbH, München

Bildnachweis

Titel: Segeltörn im Golfo di Orosei.
Foto: laif (H.-B. Huber)

Foto: Gottfried Aigner: 12.2, 13, 26, 46, 55, 72, 96, 103 – AKG Images: 44 (De Agostini Pict. Li) – Anzenberger: 87.1, 100 (Christina Anzenberger) – Bildagentur Huber: 7.2, 16, 28, 90, 98, 113 (Massimo Ripani), 3.1 (Wh.), 9.1, 31, 81, 112 (Johanna Huber), 9.2 (R. Schmid), 10.1 (G. Dall'Arche), 2.4 (Wh.), 21, 33 (Riccardo Spila), 5.2, 37 (Wh.) (Kaos03), 2.3 (Wh.), 4.2 (Wh.), 5.3 (Wh.), 51, 63.2, 93, 107 (Fantuz Olimpio), 61, 67 (M. Carassale), 85 (Bruno Morandi), 89.1 (Pietro Canali) – Bildagentur-online: 65, 92 – Das Fotoarchiv: 12.1, 24, 57, 58, 64, 89.2, 106, 109, 116 (Raimund Franken) – dpa-Picture-Alliance: 45.1, 95 (Tobias Hauser) – F1online: 36 (CuboImages), 91 (Imagebroker RF), 115 (Ritterbach), 124.4 (Tips Images) – Getty images: U4.2 (Slow Images) – Nicola Iacono, Barano d'Ischia: 6, 30, 63.1, 74.1, 74.2, 130 – IFA-Bilderteam: 69 (Hahn) – Rainer Jahns: 105, 119 – laif: 7.1, 40, 66, 71, 80, 110, 129 oben (Hauser), 2.1 (Wh.), 5.1 (Wh.), 9.3, 39.1, 87.2, 117, 122, 124.1 (Bruno Morandi/hemis), 3.2 (Wh.), 11.2, 73, 124.3 (Morandi/Le Figaro Magazine), 19, 48, 111 (Raffaele Celentano), 25 (Hoa-Qui), 38 (Heuer), 53 (Dirk Kruell), 70 (Galli), U4.1 (Rois & Stubenrauch) – Lonely Planet Images: 10.2 (Philip & Karen Smith), 2.2. (Wh.), 11.3 (Dallas Stribley), 54.1 (Wayne Walton), 75 (Rocco Fasano), 133 (Martin Llado) – Look: 8, 34, 52 (Roetting/Pollex), 4.4 (Wh.), 10.3, 20, 35, 43, 88, 121.1, 121.2 (Thomas Stankiewicz), 4.1 (Wh.), 11.1 (Bernard van Dierendonck), 56, 84, 99, 102 (travelstock44), 4.3 (Wh.), 97, 104 (Ingolf Pompe) – Mauritius Images: 15.1 (imagebroker/Stella), 22.2, 45.2, 49, 54.2, 76, 82, 123 (CuboImages), 50 (imagebroker/Frank Linke), 3.4 (Wh.), 79 (imagebroker/Jörg Reuther) – Ralph Melzer: 83, 101, 124.5 – Schapowalow: 3.3 (Wh.), 77 (Robert Harding), 128 (SIME) – Ullstein Bild: 14 (Granger Collection), 15.2 (heritage), 108 (AISA) – Visum: 39.2 (Peter Schickert), 59 (Rainer Hackenberg) – Hanna Wagner: 27 – Thomas Peter Widmann: 94

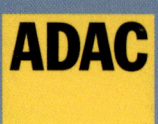

Unsere Kennenlernaktion!
Fotobuch A4 für nur 7,95 €* statt 21,95 €*

In der neuen ADAC-Fotowelt gestalten Sie ganz einfach Ihr eigenes Fotobuch, persönliche Kalender, Puzzles und praktische Terminplaner. Oder Sie bringen ihre Liebsten auf Postern und Leinwänden zur Geltung. Machen Sie mehr aus Ihren Bildern!

FOTOBUCH
A4 Softline
28 Seiten

NUR FÜR
€ 7,95*

AKTIONS-CODE: adacfoto

www.adac.de/fotowelt

*Dies ist ein spezielles Angebot der Jenomics GmbH. Der Aktionscode ist einmal pro Haushalt/Person einlösbar. Dieser Aktionscode ist nicht mit anderen Rabattaktionen kombinierbar. Gültig bis einschließlich 31.12.2013. Keine Barauszahlung möglich. Angebot zzgl. Versandkosten. In Kooperation mit IKONA